Holiday WORD SEARCH VOLUME 2

BENDON®
Publishing International, Inc.

©2011 • Ashland, OH 44805 • www.bendonpub.com

W9-CEX-357

Good Cheer

```
L C O O S K Z Q K X J F A Z S P E E C H
G T C R T J X B Y W Y N S M L N Z I Q S
V B G R U K E R O A S T M B D E I H R R
Y M H R N P T J F W D N K B T U V K T K
T P Z X T W N Z C W O K S O J A X L A K
S Y Q B S U E O O T G C A H O H C C Z Z
C J W X E M M S C E R S K C U Y H O H Y
E O R O H S N I C O T R O U Q E W F E V
G Q I S C N I D P B E C S V E W E L O Z
E H F I S U A D W F T N H R J R O N S G
E G R G A G T X Z O V T C G O N G G E S
T U I P G S R A H U L Z F L W K V W O J
E P E A G W E M B Q N I T G W B X S U G
J A N R L R T N T F I R E P L A C E N J
A T D T W S N L D V F D E Q K J W I C S
Q R K Y R S E W Y R H O V V A G T S B L
Z W I D H X H O L I D A Y W I S H E S V
M S I P O D X Z F A D Y R Q O W W B L I
D O Z L F O L Y P U O R G H I V H E Z S
H D O I G J G Y I Z A P V V U E I N E T
```

CHEER	FRIEND	HOT COCOA
CHESTNUTS	GOOD	PARTY
EGG NOG	GROUP	ROAST
ENTERTAINMENT	HOLIDAY WISHES	SPEECH
FIREPLACE	HOSTING	TOAST

The Excitement of Christmas

```
D U V Q D A W L B H G P U G U Z Z S Q U
F W H W G J Y N U Z N H E N D A D Z X A
X R S G Q K A Y E P I Z N I M V L L Z R
A D G Y N X Q R W C T F A T W E T U W I
X A B I J I Z F M H I G E I G X N X L U
N O U C X A R L T Q A R B S U C E G X F
Z U R Z A P K A G V W P Y I V I S N U L
O C F J Z R H X H G D Z P V S T E I W B
Z I N V L R K G W S P V T Y D E R P E W
D H S Q N J G X T F V U X Z T M P P L T
P I A X M A R L H Z O O S J A E H A V L
G D K S H E B A G F F O M J D N E R S S
Z V Q T U R V B I N H C D O V T E W C E
L S Q P X R M P N W W O J B P H T O S Q
E Y Q E Q M X F X J S L E E P I N G T G
B I X F Y J H G C P Q J V W H H U D F X
W Z S A N T A B F Y V M Z C I N Y C I X
W X J S U R P R I S E A K N Y L V J G N
X U G X E U M R Q U S P P W T W E K I F
G C U F V T C U J D Y J O Y F U L K V V
```

EXCITEMENT	JOYFUL	SLEEPING
FOOD	NIGHT	SURPRISE
FUN	PRESENT	VISITING
GIFTS	SANTA	WAITING
HAPPY	SHARING	WRAPPING

Remembering Others

```
Z V G U P A R F R I E N D S F H M W J D
P Q N Q A M X G N I P L E H O O P P Z L
I B E Q T N H V N V W N T F K Q H Q K I
T X N Q Q B L E M A Y G H E T Z X M B A
C R J F V D I U C D N L R C L R W L D H
Y B I U H G F K E I F S N O I T A N O D
H L D R H I I R V K M Y M B P Y L P I Z
H K I B E T D I R J B Q K F A M I L Y S
Q I O V E M G I D C R E L A T I V E S V
G R D Q N Q E O Z D W C U A M V J C H F
I G C G B A J M V A H R E R A J U N C J
B I Q D E U E N B R S G M B W C C U G I
M S B X B O Q V I E G Y S U E V P A U C
B S S M E I X S O C R D S V Z W B D J U
Y I X D Z L T M S L J R O B B W N K E N
A U R B Q M V M E T P T F E H X I R Q A
O B X O A Q I X R I L T Q R K W K M O N
W M M S N L F V P R E E T N U L O V Y I
U D N U E F V M T H A N K Y O U N R A Y
A V I S I T Q P X Q P Z R B Y H X Y K G
```

CHRISTMAS   HELPING   SMILE

DONATIONS   LOVE   THANK YOU

FAMILY   NEIGHBOR   VISIT

FRIENDS   RELATIVES   VOLUNTEER

GIVING   REMEMBER   WORK

Christmas Choir Concert

```
I K S H K Y Z C A C B E R L P G W Z Q Y
W I P Q M O B H L T R H V V J E U Y R M
O G E D V R U C R E J X T E A O O T E O
M E A L X N O E H K D O W I P M A C B J
C S K M J N Y C O U Y U Z N L R O Z B Y
J L E Q A B A H L U C S Y O B S T R W J
U R R I R E Z K G G H M Z S O X R Z R X
N I P U T X V F L O G U M K Q O E Y J R
Z G L U G E O Z D A V I L W K U C L R V
M D Y I I B T O Z M X R U Q Z F N B C T
E P W J A A I M U S M O F A K X O Q E Q
H B R U G H P A V T F T W R Z Q C O Q S
W U T K W U F T E C J I O D H K D F C Z
B Z H T E E G D O O Y D R L Z T Q H Y T
M E C K X S I U K S V U L G X K O G O G
J D A N C E Y I V T V A O V J I O U N P
K M E L T J M L H U H V I V R Z J I P M
J T W U I W A R Y M I D R S Y K S Y X J
M B P L P T R B T E R G Y W E G A T S T
V S L O R A C V Q S U C V V Y S P P S A
```

AUDITORIUM	COSTUMES	PIANO
BOYS	DANCE	SING
CAROLS	GIRLS	SPEAKER
CHOIR	HALL	STAGE
CONCERT	MAKE-UP	TEACHER

Keeping in Touch

```
H E M A I L S M D M J W X N Y C O U W Y
D U W Z Y F W F D E R N X O N J H L I P
U L X K S P O G N F J X R D F J I S F Q
Y A V U S E G A S S E M T X E T I C C F
F U U V K C L Y L I I H V P P T M D O F
C G S C B P S L W V E B F A H P V S N Q
T H H W R H A X V K D H B M O H A V V H
Q I B I U M Z R O L C J T H N G K K E L
V N A Q J J L W M S L I A E E U C A R L
I G O W F O V H R E W D I S Y O U J S M
K O L M L U N U Z N Y S C D T T L V A A
Z I V V T B T R A V E L R C Q C D N T N
G H H L S D R A C S A M T S I R H C I P
G T P Y P Y F R H X P R C S F T X H O E
J A C A C Z L E Y F C A B U E Y S Y N K
L L P K Q O E B C U R L E T T E R S J V
P K J U M R L F I S P C I E W P I D E T
P I H S O V P L B P O J G H M U D N V F
C N S Z U A S D N E I R F U V Y F P G B
Z G I K A Q L Z V H S T T N W J X H D F
```

AIRPLANE	FRIENDS	TALKING
CARS	LAUGHING	TEXT MESSAGES
CHRISTMAS CARDS	LETTERS	TOUGH
CONVERSATION	PHONE	TRAVEL
EMAILS	SEEING	VISIT

Sleigh Full of Toys

```
Y R W E B I M O H T B P B M J G O D H D
G Y P K V C F I D Y X U G G C P R H X F
E S Y Y H O N W C A B U H Q Q W Q T R T
M P L G G T L W E S U O H L L O D K V S
A M B Z I Y R G H V F B S X N D K I R Z
G E E W E B J V L L Y T Z O R S Q O N F
O C L F L I P A W L L W G A W Q L B U H
E F S F S C Z R B I A A O S J L T O I W
D P U T J Y M D T F W B L J E F C A V B
I W E T N C N S E K E L E R L N A R J O
V Z P W L L J J V T O X S S H I L D J Y
P J K J E E B V A D R K L B A K U G P O
J A M J P E L K B Z A W B N Y B T A E F
B C K B O J S A J T A E O G D J O M H T
G K V T R O X H E J S K H M Q U Y E Y O
B S U J P L A S K T F O B K E H S S N Y
J U K M M J K E A W B Q P B U Q N C E S
Q O Z H U A M Q B P S F A S A C K Q E Z
Q L C X J V P J P A K R G R B S U E V K
N X H T Q A Z Q H R U L Y X A P B I M L
```

·

BOY OF TOYS	DOLLS	SLEIGH
BASEBALL GLOVE	JACKS	STILTS
BICYCLE	JUMP ROPE	TOYS
BOARD GAMES	ROLLER SKATES	VIDEO GAME
DOLLHOUSE	SKATEBOARD	WAGON

Santa Visits Every House

```
J V N E E E P A P H Z T J H F G X E Y H
X B Y U R A T E F E M Z I I O U B S N R
B B N P B S J E P O R U E J U W A U G E
K D U C A B I N V A E A S M X R C O W I
H A A N U G L A P N V M Q C T F I H S N
E O U V H D C C W T E X K D E V R H N D
K A M A G M J I I A S R A I S A F C S E
T B R V I E B R B R A E E J A W A O Y E
N V S Z E N K E Z C M N V Q C E P N Z R
A A R I L E Q M X T T I G L I Y P D H E
X S A U S U D A N I S V R Z R E X O F C
Z C D T C R H H Q C I X K P E N J M P O
Z Z E K H W S T W A R D L Y M M J I Q F
U S W X U A M R Q T H E X S A I Z N K W
O E T R C J W O J M C R D N H H K I E M
I T O G G O R N E V W M O O T C T U M J
L Z O A I L A R T S U A G V U X Z M T O
K P L J V D U H K Z T C H Z O C W W G F
N K K Z F X C U D L J J L G S U Z B L W
J R Q U K A P A R T M E N T S J E O S K
```

AFRICA	CABIN	HOUSE
ANTARCTICA	CHIMNEY	NORTH AMERICA
APARTMENTS	CHRISTMAS EVER	REINDEER
ASIA	CONDOMINIUM	SLEIGH
AUSTRALIA	EUROPE	SOUTH AMERICA

Peace, Joy, Love

```
W L I B P E K G O S G U D Y S L J V I G
P J U H T E T W P X R C Y Y O Z X O T E
L R F J P T A E H X Z J E V M W D A L G
H J J A I C O C A Q U E D V C E E G G
F V B R Q Y C K E Y H I E H L A J P U Y
A X I F W C S R T A F G D E I U O A Q M
T P S V H N S D R Z T E D L U D M Q E X
S B G G A C Y M D U D T P G Q H C I P V
M S O P P D O T X B L O X G N I L E E F
C R O K P N D A A V D F G I A K W O I W
W W D Q Y Y R V H S Y M U V R N Z M G H
U O C E E X C I T E M E N T T Q G I H N
U Z H Y J Y A K U Q R E L P D N L B W W
I N E I S Z V B N H C U C A W U U E U K
D S E O A C U F F C G N C L R W F W Z E
P I R E H A D K F K T E O X K Y Y C W V
Z I E X I L C O M F O R T Y E V O E W T
Z L M A Y M Z M E N H B L U G G J E C V
G W H O H N C V Q H Z H L X B C Y C R
R C V K H J E C A R B M E N W D U Y P D
```

CALM	GLAD	JOYFUL
COMFORT	GLEE	LOVE
EMBRACE	GOOD CHEER	PEACE
EXCITEMENT	HAPPY	SPIRIT
FEELING	HARMONY	TRANQUIL

Baking
Gingerbread Men

```
M A C O O K I E C U T T E R B S L U S F
H W X G N F N S A B X T U H X T C K Y E
E W C D R S O W G S R Q N Q M N S J K X
G T S Y W A T E R T B U O J R E U A B F
W V V I J Y I E O B K Z I P T I B N L T
I T H N S D V T L F A H K A K D W O G V
E B Z P E H L U V T P K X U V E U S H Z
T J X C J B D W P W V S I C W R A G U S
N T T U S Z U X D X Q R Y N I G I W L X
A D S U O I C I L E D N E N G N F C A O
X I A U I A D T G N A P M M E I D O N L
M V V E C Y S Y I V N A R I V H S Y O Y
D D E I R W U K G M H F F H W W C S I F
Z J T T E B X M P S C Y R X X Q O T T V
X A A I L Y R F M T N C O L T A I R I K
E L R U J Z B E K Y H Y S N F Y B J D K
J V O A O H L X G O P O T L N J P X A O
P S C X K P S D H N W N I M K J A G R J
Y U E Y T K G C Q R I D N D F I T D T L
V N D Q L Z L N M J P G G X E G X W V Y
```

BAKE	FLOUR	SUGAR
BAKING	FROSTING	SWEET
COOKIE CUTTER	GINGERBREAD	TRADITIONAL
DECORATE	INGREDIENTS	WATER
DELICIOUS	KITCHEN	YUMMY

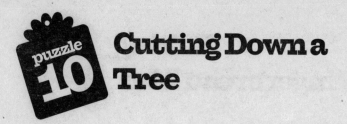

puzzle 10
Cutting Down a Tree

```
M X R Q F C S A G L Y O L M D S X N W V
C P Y Q L S V O Z W D W G R B M H W Y N
U Z R X W Y T F A P Y S K J R C N B B S
K Q G C X E Y X S X G F A B R E A U D L
L S O N Y T F G N I K C I P A W E C L P
F Z V B I G S I N F W W L B H F Q D O C
Z P D E S D A O X W P U X E A V M X C V
N W A L K I N G R Y D Z E E I R H L X A
F K L V E V P I A F O R Y Y J H D G Y K
R E T P F A X E F P T X P E R J A N S P
I D T U M R N B X E U S U R L J S I D C
Y I N Z S X A O N T L Z R T R V P K O R
D S Z J C Q L I X F H X W V P J F I O C
V T U K U X P M S R G E A P A E T H W E
R U V C T T U A Q N J W X W P T Z W A S
J O H I T R P A C K I N G J T H G Z Y J
D L V P I P P B C V Q L U C N X F Y B L
C Y W X N V K W X N L K O S Y E H W A I
R Y V N G M K D K U C A S G V D O M Y Y
N C K G H C A R R Y I N G Q F M J F E Z
```

AXE	FROST	PICKING
CARRYING	FUN	PINE TREE
COLD	HIKING	SAW
CUTTING	OUTSIDE	WALKING
FINDING	PACKING	WOODS

Decorating with Garland

```
L K C Q T D T H J Y Y M K P O R C H W H
N Y F I B O X E S H H M D B O J B O C O
P S U P Y C R D A P L I K F Q Z D E S S
Y M Z S G W C G P F S D A M H A V O V E
J Z I T W C H R I S T M A S T R E E O H
O O D A O B S O E Q F K H C D Q N T Z V
R O N C R N I H M D S K S C J F Y H F X
R W A H K H T L C H U Q D T E T O L F U
C R L P P N X Y L I V T Q M H U O O A K
S G R C W X S J I G I F T L M G B C R Q
S K A N H I N W S Q O J D Y X G I U X K
W L G O V U N L R S B L K T T S L L U D
Y V Q U K Z A D D Y A W H C R A E C K L
S E F U E V Z Z O H N Y M A Y V R G R R
P O W C K X G S R W T Y W N A N O L H P
E N H T D E C O R A T I N G Y I T H E H
P E B H D R H K Y Y P M M P R E S E N T
G V R Z G T W B O A A D E L B T Q U J V
I K B B M U M F Y Z F D O O R N E T T K
A K G Q U X Q R R B P T M Z K R A Y Y A
```

ARCHWAY	DOOR	PRESENT
BOXES	GARLAND	ROOF
CARS	GIFT	STORE
CHRISTMAS TREE	LIGHTS	TOYS
DECORATING	PORCH	WINDOW

Hanging a Wreath on the Door

```
O M C Y A J T O F B H T C B E L N R I E
W G J I A B W K H Z N V O C Y L U H F L
R H D N T F Z R Q A Y I W H R D C K Z Y
R H A H H S Y C O F H C D O W I L R K L
P T I D E B Y T L K N F Z V X A B V I A
B R J I L K X H F I S T R I N G T B W C
C L U L J O V X T R A G Y O Z K U U O B
O A T P N Y G Z E N R N S S X X V M E N
V A I B R A W M A E X A E G M K B Y Q U
O F Y O A F M J E E E N F T M U Y H E U
Q H Y V O A F N A S O O G O B N J G P F
N F I T H I P L R C F I O G I Q E N M G
Q T B Z Y H E T E V K T E D D J D I U I
Y L G R Q D N N U Z T I G K V X R G J K
Z U U A H L I Z N W U D D L J K D N N F
H J M E K P K D B W S A W C K M O A K Y
F L E B Q R K O O H P R I D B H O H Q U
W R E A T H O H Z J S T H D M J R U Y Y
H Y C D R O U N D Y W O B Y X L X B G X
D K M E D E P A X S U Q S V D H N V G P
```

BOW	HANGING	ROUND
CIRCLE	HOOK	SEASONAL
DOOR	NAIL	STRING
GREEN	PINE CONES	TRADITION
HAMMER	RIBBON	WREATH

Stringing Popcorn

```
X T H T H P K A Q O K Y J Q X Y H K S T
O R F P M I Q T H Z I H A E E M P S X P
J T Y E U V H L Q N D E D R V M D T A N
B A D L J R F N B D R M H I I K Y U Z A
F P T J E G W S H K R H X R T G H K D D
G O P E E W B M B U Q C X C S V C D Y C
J P J J H K B O M U A O D H E X N T D G
J C D L G N I P P O P Z X Y F T U C V Z
P O N E O S Y P I G D G E U Y H R B D D
Q R J N V N U P X W N N U N T R C G M B
Q N J R Q L T M L R Q I V Z O E I N K B
A J R E A Z Z H K E R K T W I A A I J O
R X I K M A E S P D E A E A S D D T I A
C O F Y W M R R V E O M Z T R F L A M S
S V F L A V C C T R L H H U N O X E O R
H L R I J R J P A W K E C K Y T C P D F
Z O M W Q A D S S C Y B Z L U Z J E Y V
S B E R R I E S T B E I U M L L E Z D R
X D U K J K J M E Y U G N I G N I R T S
Y E W Z X Q R P Y F N I D D M Y W I O M
```

BERRIES	KERNEL	STRINGING
CRUNCHY	MAKING	TASTE
DECORATING	POPCORN	THREAD
EATING	POPPING	THREE
FESTIVE	RED	YARD

Holiday Bows and Bells

```
S Q M R X N R J L E Z H U K E W H S O U
W I R P F B E J S Q T L N K E C A L Z I
A K H X E D F I E H B K M S Y K J Q M B
L D Q Q W M J B N X L T W F B E L L S H
C M Q X Z L P P U G E M Q M G V R E D L
E F A E U L B B R I B B O N S O S G Y F
E P I R T S B J N K O F K Y B Z S R O N
S Q T X W H R O P C C V L T T F I E J T
O C M P Y N C A B R X V Q E G K L E E X
W C N U X D F W H Y P P J G D N V N C V
U B U R D Z F J U X R N F T Y N E S K O
D W P P A W H C T A P V H S R J R I S Z
K W U L E O Z A U Z W P E Q Q P Y M R I
M X E E R O K V B Z C R I H E V U V E V
F R W O H N I L K R E M O E W U D G M K
Q U H Z T U N Y U K Y S M R V O N L P H
C V I M A I K I R U V S G M R A B K O F
T T A P E U Z X M Q I O B Q R G G H H G
W X F Q M S V Y G O P N V O R E Z U D F
C W O L L E Y F O G O R Q G Z L X L K N
```

BELLS	LACE	SILVER
BLUE	ORANGE	STRIPE
BOW	PURPLE	TAPE
GOLD	RED	THREAD
GREEN	RIBBONS	YELLOW

Caroling Door to Door

```
P V Z W J V O M W F T F O J G O N G G E
C T D S C F U R E H C R H M Z T J P W F
Q P R E D I C I B Y H I Q A A S R R L C
Z O G N I L O R A C Y E U C F K J O J O
S D N A H R D U I W F N G N G Q Q S O J
O N G C C O R B J V W D N H Y T U L R D
D V D X F B I F O W A E R L E J A Q W X
G L A I X H S N E W L X I K O U T C I Z
A A Y R E G S W E M K M C I J H Q I H U
P J S H Y I L S B G A A G D Q W R F G P
J G I Q Q E M B U F J B B K A I Y R U D
X P N W H N D D K C S I D E W A L K A R
T B G O P Z K N G G N X Q K I X J Y L P
Q I R N S V R U C Q N E S F F U M R A E
I V P W D N B W H S Y T X I W X H G B
M C E E T T K Z T I N F J Y L H R S U S
A L A P Q W H M G K B A K G D N M M G O
O Q J X M S Y B O T H X U F O M E I S B
T U I L J I J E K Q J R P O C G D L L N
W P X H U P V U H Q K F F Y B V H E X Q
```

CAROLING	FAMILY	SIDEWALK
CIDER	FRIEND	SING
DOOR	JACKET	SMILE
EAR MUFFS	LAUGH	SONG
EGG NOG	NEIGHBOR	WALK

Flying Reindeer

```
S X Y H J V R C O B T H L U O R W H H B
R H V T J V E R E G B L I T Z E N T C T
T T C I H S Q E E R T S A M T S I R H C
E E S Y J J K W J Q Z K O I V R T X Q O
C U T V A O U V Q Y J X J D O R Q H K K
Y N H E O Q I I J T T I A O F E G J N S
V H Q Q U C M X D M E N F L E H X W G M
A M B V O X J E M E C T Y D A S K P K S
D M L D H D G N O E O I J C D A R I B D
A Y L I I G M V R P N H P S N D P R Z R
Z P Y R E P I G S G N O T J U R F U Z I
K X M Y B P U E L O X N D W A I F D F V
R Y T M G O Y C L E E D W N K R L O I Z
Z D E B I R H Y X S M T C Q E C R L P I
G G W C T E Y H E H Y E O I O V Y P W X
C P Y F Y N T R Z M R V N M C U F H O Z
Z B R H O N P L X V K D E G M B T S F I
E V A W O O K Z K P E T E S L U H V F G
H R X V B D G W C E W H F E P W Y T B C
R P C O R Y F T R H Y N K G L Z O T J F
```

BLITZEN   DASHER   REINDEER

CHRISTMAS TREE   DONNER   ROOFTOP

COMET   FLYING   RUDOLPH

CUPID   PRANCER   SLEIGH

DANCER   PRESENTS   VIXEN

Santa's Workshop

```
N V S Y V H L B S U D Y H C D E P P Z T
U P M M C D S S N Q P F H I V Z G E P K
R D D T X Y Q T L W M J M Q O P B S S J
Q V W I K E I H I W V E N R S G Y N H C
R Q A N X F C G H O H J E S H R Q O Q V
E K N Y S J K I B L E D T A A P O B A C
Q S O I R A H L E T U R P D A Y T B Q J
B Q U B S I N L T C U P N K I P Z I E A
G F S T P O U T Q G Y M N H U X T R L E
J X D C W N A B A C C Z O I E D V W V V
N X O A B L E M X C Q O H F Q L O H E M
N M E J A X R E K W L L S V R R P P S Z
A K R J G S C J R T K A B H K S S E T Q
S C M G C F I Y K G J I U S B H Z P R H
G P T L X B S W Q N P A H S U N F O Y S
J G A S X O U J X U Y O U B I K E S T Z
O U I M N T M A L Z P Z F E C I Z E R L
S Z E A T O N H B V H F J Y Y P K R N L
I Y A A O W U X A A Y V N H G I E L S K
C B L Q R M T R E I N D E E R A G S O H
```

BAG	HELPERS	REINDEER
BIKES	LIGHTS	RIBBONS
ELVES	MRS. CLAUS	SANTA CLAUS
GREEN	MUSIC	SLEIGH
HAPPY	RED	WORKSHOP

Drummer Boy

```
B S H Z B C G X H Y S A V E P E V R S O
N G I F P L Z C K O S V G H O D A K T k
M Z W O X E Q M A C J S G A M J D T A S
U Y X Y C S Q F O E R L M D G G O Y E H
K Q V B O R M N O T O S A B Z Q Y R B E
F F A K K O P P Y V D R M B T E C S L E
D R U M U H G S P T V S W T N Q B N D P
H I L O H Y O Q D L Q O J Y O X O V U X
K K E X M G K L I O L J U X I O Y F O D
C Z H T J Y N F U S V Q N S E L X F L N
I J Q T T J J H T R W F R R F D G S O G
M K I B G H M K N J B Z K O S O F T A N
D H C D G Z T B N O R T H S T A R W I O
P N P W X M S E M B M A L G O K B K L S
U S U Z P C O O J X Z D J F E V K L Y C
F D T O O Y Q A R B G L Q D G W U X Z I
G U H I S W T F C D R W F S O R P N A S
U X S Z C G Z O Z Z O O G A C Q O H X U
O L I A C K W I E Y G O R J S C Q S A M
M K C Q T H M O Z A G W X L G T R F X V
```

BEATS	LAMB	SLOW
BOY	LOUD	SOFT
DRUM	MUSIC	SONG
FAST	NORTH STAR	SOUND
HORSE	SHEEP	STICK

Winter Wonderland

```
G W E G Q E W C K Y I I K T Y D E C I A
K X B A Z M D C F M R Y S F R O S T Q S
I R E T N I W I O A N S L D N P P C L X
V U Y W J K T U A A O N W K U N L W C B
W S X Y S E N P M B K O Z S Y S C L B H
U R X L D T Y W I H F W E G E W X O N X
O Z N J A O O H J L N F V T L S N M K G
E E X I W N W H U L P L N M L P O O G G
C W N X S G P R J V X A K Q A V I O G L
F T O L B P R B G W F K J A V O O N D Y
X T L M V Y M U L W J E N M E N Z L D X
Z I W M M A H M F I C S M F N W C I I P
H Y X Z J C Z O D Q Z O P B I I S G S A
D W O N D E R L A N D Z A O U R S H M V
I I O A E R D U H A V V A N X A N T V I
M E I C I C L E S D C J V R I P V Z A V
O I F B J T O T B S J V M R D M U F C A
V F G T S D R I B G F S A C Q Z A Y W C
I B A K Y B I S E W R G C G T N W L S V
U M I Y V T Q O U Q Y F A V A S I A S C
```

ANIMALS	HILLS	SNOWFLAKES
BIRDS	ICE	SNOWMAN
BLIZZARD	ICICLES	VALLEY
FLURRY	MOONLIGHT	WINTER
FROST	MOUNTAIN	WONDERLAND

The Mall at Christmas Time

```
Z L X S T F I G U B D H O V N O X S X J
D N Y G S P P Q W D O Y S Q E M Q S P N
V R L Q S S C O K K E I V A N D Z Y K S
C W R K M W E Y G I U H G D V T C K R Z
O E R C J A T N Z J V N N K V F F S E Z
O I N K L I S N I J P P J A L V D H L Q
U I K Y V X S B L L T C I M R N Q O C T
E F F N F S J P A R K I N G L O T P Z Y
J J O Q N G C O A K E U S F A A A P V R
L V Z O P K E C R O W D E D I U R I K F
N Z N Q D I A M L E X C I T E M E N T O
V Q E W V G U X Q S A L E S A K R G Q M
P Z M X Q S D H U N X U M R Z A T T O A
E G A Z I D J I J P C Q V K X G R J A I
I Z C C C O N U L D V E R P V E S J R L
R K I V H O L I D A Y S P I R I T N V P
Z J T W R Y S E R O T S Y P H M W Z I I
P W C I E I A K C E A Z L A U Q Q E F C
W G E S L A E D S N O I T A R O C E D D
J O H U I D K G N D M S C S C U O N P A
```

CLERK	FOOD	MUSIC
CROWDED	GIFTS	PARKING LOT
DEALS	HECTIC	SALES
DECORATIONS	HOLIDAY SPIRIT	SHOPPING
EXCITEMENT	LINES	STORES

Up on the Rooftop

```
G G H J X U L G N I P P A T R V O U M E
Q B R Z J K K A C P J Z E H A A R H V N
M Z N Q E M F D T Y N S Y N I M K P X O
U G T U L H U L R E E C G D N X R B L I
Z L U Q V F F Y D T W M N R M S Q T Q S
U V F F H M O O N L I G H T J D H R Y E
C M M L S H Q S D H Z P T I L G A C C W
I D J W U C D T M E Z S X F I K G B L B
F C N F Q R T A V V G T S N T Y A O I D
R E I N D E E R H D Z N D M I L T I C G
Y V S Y E C N S Q O H O S Z L G M F K B
B Y J J L K G Z K C O A B E E E F R I Y
F T Y R T V X Y K G Y I I K S B J E N Y
O D K L O D B S T N O C H P H S D S G A
E O G G G A L F E E T E P P G X D H Z T
U C V G J T W T A Y C F T V P O O A Z T
V H S L E I G H Z Y P R Z H T Y I I F O
B R P J E J S N O W Z R R M C D X R D O
V K D A K I L V I A B D E B Q K P W Q B
C P X P H C S I H Q C H I M N E Y I H W
```

CHIMNEY	ICE	SLEIGH
CLICKING	MOONLIGHT	SNOW
FEET	NOISE	STARS
FRESH AIR	RAIN	TAPPING
GOOD NIGHT	REINDEER	TILES

Stocking Stuffers

```
W T M X k D J B P J J C P P J F F P R U
H O Z G C I L J C W R S U I W Y H V S W
T Y C I H O O C k B E F M E H R C T k G
A S O R R I A C A R D S T G W k I F M R
k W R H A S H L S N W A B Q E C H B k A
G P A W E O P Q X D C L k C k N J B E I
S A X L N O Q E Z W L I O E N F V G L O
E S P B P S I M O O V U R B P Y R M Z I
R P I C J S A N D M P S A B S U I A P k
A P O Y C H A L k T Q E N E C S B R E S
P R T P E k S W J Z W V G L S P W B S L
N k D Y D N A C U P P J E E U F A L V I
F J U G O k Q J S Y P O S M L V B E k N
W F Q Y O J Y T H V N C B G Z S M S L G
L U R N Q Q P O I J D I R B A I G P O S
k H Y U k W H L M U F F D N F W I Y Y H
E V O D I B A S E B A L L D P k P k J O
T Q G Q D T J M L S W M G Z Y J A P T T
k Y D B Z E N Q N A J D M E W I N U T S
X C L P U Q k Q Y N V Q Z I M P U R E H
```

APPLES	COAL	ORANGES
BASEBALL	DOLL	POPCORN
CANDY	FRUIT	SLING SHOT
CARDS	MARBLES	STICKERS
CHALK	NUTS	TOYS

Holiday Decorations

puzzle 23

```
L Z L R I B B O N S S C Z N G M A J X Y
K J G H N K B C C C N S N A Q S K Q D R
X D F I A W X O G V T D E L X O V H R G
Q D D V W H S W P A W N U U J K T E N B
O J B R K H N A R S H B U Q W C P U A I
K N M A A Z D S I L U N C V O A B C C R
D F K S N F V Y E T H C M K P S P J A D
L O E I N E G E S O T Q N G P Y O L N S
C O I M P O E A U S T E N O N U F C D K
O J M Y T R W M R F E I S Y P O Z T I W
V K L S T U K M G L P B M N D U F Q E W
X S J G T X A U A P A P O O I N W U S F
E Y V T J N A N A N H N A W O O G S A C
Y N G R X A E R G U I J D G O P P G V A
E Z M A U Q W M D E V D W N L S G T Q N
C P M X J T H Z A L L F P R E S E N T D
K V U X E J C Q S N V E X A R K X D L L
T U D S W W D I P H R S J T E G U E F E
X R D B Q W Y Z V G B O Y H P X C C L S
H R V M A Z E O M F Z U G E G F U J O F
```

ANGEL	ELF	RIBBONS
BIRD	GARLAND	SNOWMAN
BOW	ORNAMENTS	STARS
CANDIES	POINSETTIAS	TREE
CANDLES	PRESENT	WRAPPING PAPER

Making Cookies with Mom

```
A N O Y W D F T X C Y B Y B P W R G D S
N X A S E P W S N N D O H T X H X C P F
Z P F H F X S V C k H I A H N E Z R P S
C E G G F N D R V A N I L L A X I I O D
C H T N P T U N O H C U O T L N V S X I
P F V G L H P O X L Q P M W k S E L B X
P I Q S E k A M Z M L W X L G T M A V U
W T k S G P A F T H W I E W A V F I O G
A A X F G R D L N Z A S N L M P E V L B
R M A A S D O H E W Q O O G C E N C D E
L Q N F B X S k D S P C Y O P Z H F A P
k T F H P W G A V W O I Q T L I M L N N
I P A O N L N P k H k Z L D C U N O M H
J k Y T L I I R C W I F N L B k A U k Z
D R L R C U k O Q Y Z E B N M G O R D T
A A O A R Q A N N O F S B P R G C Y Q I
S k I G Z A B P A R O M A U N Q O B I E
Y B U U D A D J B N S E V O L V C Y B V
J A J S U F H G Y O X P Z A U k X E L A
D Q M U B G X T I V N D O P J B N L O J
```

APRON	EGGS	SMILE
AROMA	FLOUR	SPRINKLES
BAKING SODA	LOVE	SUGAR
CHOCOLATES	ROLLING PIN	TOUCH
COCOA	SALT	VANILLA

Christmas Bells

```
K F I O R X B C Q L O S A O E F O F H M
F T A U J W T F B U M D I M J O F X T M
Y V G D N E O L A F J N S K T U L T X T
W Y P U S I R N H I M U S Y N A U B Z F
Y G K D G D Z E C T U O Z Y Q I F S N I
L Q F Z Q P H T D U X S Y G X B E I N Q
P K S Y C R R S N A Y M O G W H C D Q S
G O K C D C A I B E C I S U M Q A W R T
S Q X D Z L E L L B P E G C A O E P O S
S Q M N J P H Y U O F S J L H W P Q W L
C Y Z H S Y R B A S U R R A E Y D X I L
P L W J K M D M N D I D R U J M Z A F E
M G O X D O S N I K G J H X M U P O C B
R J Z F S J N O I S E Q Y L B D L B F X
R J M E U D B M M S L F P R I S O L B G
G B N Z C U F C H I M E S S G T F I O G
Q O I C N M K F Z J I I T R S O T Y A D
T B S G R S M A L L V D V T E O E L I G
M T D P Z X Y A W S I U P M V B X E E L
F T S O N G V Y E Z R O J T J L K Y K M
```

BEAUTIFUL	LISTEN	PEACEFUL
BELLS	LITTLE	SMALL
BIG	LOUD	SONG
CHIMES	MUSIC	SOUNDS
HEAR	NOISE	TONES

Holiday Vacation

```
Q Z X E F R E B U I C S X R N V Y M J J
B Z Q U B G Q Y V G G R E C E S S D T F
V V E L K T V L Y T N I B A C J T Y R Y
N D S I D X S D X J S Q M L M M S Q Z T
C S N E A L L S Q B X G I D T O K R S X
V K F M S F U N Y A E R O I R G N F J S
O I I W Y J D M W K V A J L E S I X T L
X I O F N X H H L L I N V D I S S P L E
A N T P G A J V T O T D W W B Z U B E D
W G P Z C D C D D V A P C N G T O R V D
W V B Z C K F Q K E L A T X D R C P A I
C A U N T E E H T E E R G C B Y I N R N
H L O N U A J I O Y R E G C O B F F T G
E R S G V P I S B F I N L E L C N U Y J
W A E L B F R S Z M I T Q O T I B H A W
L G V E F A P Q R X J S G D C B R A D C
G O O B D R B S A N O I T A C A V Z I H
J W Z H U Q N L M P U P X J P L W K L T
F C M M I T E P A T J E Y J Z J I P O C
L Q E H F R O P D Y I I Z J Q K V C H P
```

AUNT   HOLIDAY   SKIING

CABIN   LOVE   SLEDDING

COUSIN   RECESS   TRAVEL

FUN   RELATIVE   UNCLE

GRANDPARENTS RELAXING   VACATION

Holiday Feast

```
O J Z M G T O F F E E P Q W N Z B C Y V
B A C A N D I E S P K B D Y J O R I X M
Y N U N N W X M A M R I G G Q A L O H G
N L B M W M H M R D E O O Z N N K T J K
P K R W X D K P H C R N L B E Y R A Q G
M J X Y R E T C F E G E E L A J Q T G G
M Y V I V W C U I G G R S M S F B O C T
R Y W E T E V D E I R Y S S M A K P U O
B N G I A M A X F Y L I O L I T C T O D
C F R P D X P E S X H J N D W N S E F H
R A X N E M D A E R B R E G N I G E N L
T X A I E M U O W W E N C R H B C W S A
O U U K W C P V Q E H F G A G Q R S L K
U M W P E P O H O X H O Y X O L P F T W
H L U M R H B M Y A W R G M O L R K S R
K R H U S D W S Y E K R U T S A N C G X
U Q D P P R I M E R I B Z S E I K O O C
A U H W J D X D E Q M H C Q Q V W B X B
H A V P T X N G W L N D W X F F H M N U
M L G N J A I Y Z O F F Y F V U T S P V
```

CANDIES	GINGERBREAD MEN	ROLLS
COOKIES	GOOSE	SWEET POTATO
CRANBERRY SAUCE	HAM	TOFFEE
DRESSING	PRIME RIB	TURKEY
EGGNOG	PUMPKIN PIE	YAMS

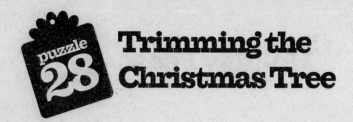

puzzle 28
Trimming the Christmas Tree

```
L G L G D U E Q A T R I M M I N G X Y P
I X W N Y T F S Q Z U G F C U E V Z Y A
G L R I P K I J B B Y Z A A W E B B A M
H U N R F G K C R B V K F R U R E K O O
T D H E L Y D N Q L A L E R L T A X S K
S Y N H O G N I P A H S G Y Q A I R I A
S Q Y T C V M G I L W Q K Q A O N W Z Y
I M X A K U D X O D I Q G G K L Q D E L
B P W G I J C Z N V T C Z P X G S K S K
S A W T N Q R B B N R C C N Q N B E Q C
T S R R G F D O S J U S R D Q I C M U I
A W J D C M U R O R T F U D E K D T W M
R H Y B V O J N U H O P E X I C T B E O
E O X T R P D A S E E C B S R I Q X G I
A Z C X K Y M M M Q O U R O N P D V X M
R O K R H G K E M R R X M G B N N B G Y
V V O N U R L N A P Z G U H P Y A M F M
Q B U R J A P T L R P P T Q W D T Y I F
E N E M F U E S P I D P A P W L S G Y O
I O Q M O J M W Q C K Q M P S T N I F E
```

CARRY   GATHERING   SIZE

CUTTING   LIGHTS   STAND

DECORATE   ORNAMENTS   STAR

FLOCKING   PICKING   TREE

GARLANDS   SHAPING   TRIMMING

Christmas Tree Full of Presents

```
E J N M A X E P P O C K K D J D L M R P
U L Y D B X C T G T U W E S F K V A C O
U S M W E L F N J C F B I W M L T Z F J
E X K W N X P O G H E W Q R K S L I D K
F E C E E Y R W T E L R H Y A X U S X R
C C T Y Y R G I P R F H X O L D C U S Y
H A F L D R D L C V K F C Q S E U J C C
E C I D A N G E L X S O O M E H G Q H W
S F G O X A J P E H L X T O N M P B F D
T R I D Z O F V E O X B N L A C Y G X W
N Z O Y D V B D R L E H E Y C P J Y T O
U T C Y S R S L T L M Y S D Y P T Z O B
T L P V Y F I V L H Q V E B D R V V E G
H U G I V E L C N A G S R Q N F W F Q I
B M S U R P R I S E M K P P A H O D Q B
G N Z L E N I V D V P S Q P C F B A W W
L S U J E J B U T J X S E A L L N V U U
B O A B Y U B T G T K G T P G N I G R J
E T S Q D Z O Z Z N V A P F E K A A B L
K K J S L N N P A U G U X Q I P R Z L K
```

ANGEL	COLOR	SMALL BOX
BELL	GIFT	STAR
BIG BOW	PRESENT	SURPRISE
CANDY CANES	RAINBOW	TAG
CHESTNUT	RIBBON	TREE

Have Yourself a Merry Little Christmas

```
G Q L C I W G G J D T H G I L N O O M F
I U X V B K W O N S R X W K M M U L X B
C W S F B Z X W E S C M D W R U S Y S N
P Z T T I R G L L P R L G V Y Z U I D W
C W A Q D T I W H O E R C N B L E L I R
H I O G V K J G T Q E V L K E F Y X M Z
T V G O U E U S H E K K Z T U A K D S H
U P F O Y H A E T T K S I N E B C E R V
V W V D E R R I E P Y D R L F C D R V I
X T S T J Y N K M A E L W J U I R W K Y
D I V I X G J N D O R J Y H R M E H L O
Z H G M K E T I R K X D L R H U Y D M
X R Z E H O L G T C L T G V I S I T Q N
K F C J C O I H X X A I C E E U U M C Y
L O B Q H Q J T S L E P T V U X M E J A
D U U M V I T S D L Y M G A T H E R D S
C H R I S T M A S L L V M W N L L R H L
V N Z L R K U V U I V Y S C X J J Y Z E
D P K I J P G B B P G B R T L U C D U E
Q V G C Y D H G X H Z X C D D D E K X T
```

BRIGHT	HOLIDAYS	SLEIGH RIDE
CHRISTMAS	MERRY	SNOW
GATHER	MOONLIGHT	STORM
GOOD TIME	NIGHT	VISIT
GREETING	SLEET	YULE TIDE

Naughty and Nice List

```
G S N Y T V C S W I R A G X F A J V M E
P F N J W S Z W A F I P C X T H F N N T
C O X G T H C X K C G S R X F U E B F L
A I E D I B Z R L S I T A X G C O F J N
J Z B S D R R Z O I Q L A N H P J J Y W I
N D B O F K L N N L Z Q M C T X G R M E
O S O B B X S V I O L O G Y D A I J P S
W G E L F G B U W C O M X L L T P Z S T
W F E M O R A J V Y E A Y T T P S N F U
A N J B A N N V V T B S Z E L T Q B S J
V I L Y P N G I W H W B N X W R F Z W A
I Z W B D L V A R G S B B N O Z M T U D
S J Y F H M Y E W U D O L V D U Z P F J
X P N K O L P B F A U F I M L C O B F K
Q A Q Q F A F D I N B W S A V D D E A J
Z O F W P R E H T O Y J T I W M R W S D
P A L X T V H K Y B F W W N Y V A V C A
U M R O V W L N F W I O X A G S W I D Z
K F Y G Z H O D R Y R R C X D B E C I N
E S K Q S A I E V X E O U S K Z R M T B
```

BAD	LONG	REWARD
BOY	NAMES	SANTA
GIRL	NAUGHTY	SCROLL
GOOD	NICE	TOYS
LIST	PAPER	WRITTEN

Santa Claus

```
S T O O B Y E B U O T X A M A K Q N M Q
F U D D W R W S D W G N Y S V K Y I U V
X R H X G U Y O U R I O Q Q G N E M T Y
S O T U E N E N H R P D Y V Z O U W X A
P W B L F Y G Z D O K Y I E V R E O C Y
N R Y K E O N F U C H L I G B T V R W J
Y Z K O T S D J N A A O K P N H O K N V
L R G V R X R R J P S N H S U P L S W T
A W C R L M A E D U Z I N L J O G H E X
N M Z J S F E S O T T G H E E L L O M L
R T G G F M B R L S T A L I B E F P S G
R B F E L N E K T Y T W M G Q I S R Q P
E F C V E N T W O O F D G H G S P L K R
D U U K E F I E A T F T H X R A M W E M
S R S G A X H O Z F Y K K Y T J M I B G
U D A J G M W N L O B R K N D L N E B Z
I D Q S G G Y L S G S Q A Z P D L A E J
T U Q D D I I G A A G S L K E T O L X N
M L T F A H Y T O B Q O P E O T K D J Q
U E Y C L T U Y W A A J R C X Q G C V Y
```

BAG OF TOYS	GLOVE	REINDEER
BELT	HAT	SANTA
BOOTS	HO HO HO	SLEIGH
ELF	NORTH POLE	WHITE BEARD
GENEROUS	RED SUIT	WORKSHOP

Staying Up for Santa

puzzle 33

```
W M G F U L R X W C V D S T E R Q S W L
J M O N F X G K X A D L L R Q H D O D K
S H B O Z U A W D B E U V C Q Y E B I A
J G X E R T Z F F E Q G W B D E R A U K
S M N H J G O Q P W N X U R C I U Q Q U
R M I U D P N Y I I E S T O C K I N G S
O V F Z B D V I T Y U X L W V O Y A L B
Y W J B V V O I V Y W Y C A W O N W X N
I E R V Y Z A P T I D R P I T C Q A G Y
Y H N W M M W E U M R L N L P T R S K V A
M O A M E R L S L D H I A H A E E E A P
O J H J I E C W H H S P F C A H D E Z M
J P L D R H C E Q O V T O N T X R L K O
U V U X E F C E O D P U N T C I Y R J S
J K K B Y C H G F H P J J E F P X Q C S
F L L T L V Z J Z W E X A W S O V O X T
M I K F I R E P L A C E O A T E O P V B
A M R R P G G P L K Z O Q I K D R R P H
M A E Y U S S N G C E O U M Z X N P P V
V D P C J X A B X V R F N W R I B H Z N
```

AWAKE   FIREPLACE   ROOFTOP

CANDY   HAPPY   SLEEPY

CHIMNEY   LIVING ROOM   STOCKINGS

COOKIE   MILK   TREE

EXCITED   PRESENTS   WAITING

Santa's Sleigh

```
Y A O Y N B L I N J B P N U U K P D Y D
Z X Y S B N U J R F J B H X T X M L X J
L V E D O F C I A I A Y V H H J I C X N
S A M L A P O L S G H S L F G D G Z Y R
T N F R H W T Y Z E R T I H I S N K R J
H R E W A E T J W P T Z B O N R O R K S
D D D X T A B W Z W T P L R A U H K Y L
L U K J R B M J P Z N G L S E N B K D E
M L Z B D Z I O G H J R A B K N I N N I
Y F T E O C Z D Z Z O J A V S E E Z L G
G L Q H R N O L P O X W W N W R Y Q P H
R E E D N I E R F K D X H J J S W L U V
F V B Z B D S C M E X G U U N F O I S J
N I J P S C A O K M O R E I N S W S R T
Z O G E L X H P L O D U R K B B Y L W O
M A D U Z S I I O Z Y D V Y Z M R G F Y
B Y D S U T S Q A T N A S P E Z Y X I S
C P L I S T W I R V V Z J R G U V V C E
G W O E L X F R K Z D L O G C B Z J L K
P B C Z T O L F F S X G F I J N N F F Q
```

BAG	RED	RUNNERS
COLD	REINDEER	SANTA
GOLD	REINS	SEAT
LIST	ROOF	SLEIGH
NIGHT	RUDOLPH	TOYS

Christmas Choir

```
N N H R X S X O I P O R F S C B P F Y V
H J C H H M Z E C N A M R O F R E P F H
Z S U L G N M B U T G B A X L E Y O F X
E N E F A R S O L O K I C J O A F X F G
W W N A M P V E G T E H H T Z Z S Q T P
C P O E Z R P M P C Y V A S M U K L V F
T E H I P K T I K I D K C K R J X D V S
D I P J D P T X N B A Z F O G V L U V X
L O O M L H J E S G H N H Y U N D S O Q
U C R R J L X G Z Q I C O N L E O U R C
T A C H C V U M C Z G S S V C M X S C Y
C B I X W S X O P A X F A N A J C C H K
L R M V B X S P S W P G E G G O M D E C
O O J K R T M X X I N I Q B T U N E S M
I B L Z U A J X Z I D Z T M Q F U B T G
W E N M T L K Y G U G T S K Y J M H R K
V S E D S H V N A U P U D E L I M S A N
B R P B D A I W E S X A O H H V W W V P
S K L M Z S F H H X E U H I X A X N F B
G T N C P R B C I S U M P S T A M M T S
```

AUDIENCE	MUSIC	SINGING
CHORUS	ORCHESTRA	SMILE
CLAPPING	PERFORMANCE	SOLO
COSTUMERS	PIANO	SONG
MICROPHONE	ROBES	TUNES

Red and Green

```
H R T B F T B D G M L W G W R E A T H A
S P D Q N W E K T R G J Z Q V N N S Z Z
R S S Z H N L S A Z E N D P D A Q T D D
N A I Z L A L E B D E E A J G C P A S X
U N A T N P S Z L V X K N G G Y I Y O S
H T D H W K Q I E K G N U N I D O U E S
O A P H S I E A C X S M Z J W N P J F I
M L M N E N O S L J I P F O R A F N P M
K V C T H S T N O Y C F G B A C U Z E L
W L B R S E E R T D O Q G I P Y E R P Q
D L F E I Z L E H E B A K F P P F R P W
W R W E D G T S S G Z I G W I H K T E H
O X X R L S S G K F K T C R N U B V R A
T F Y K U N I I C G N T L E G D T H M U
J O J J O N M R C Y V E F D P Y Y S I J
R G L O U O Z A W L Z S X C A E M P N I
W X C T P T F I R L E N A O P R N L T C
Z K E P A C H J B O P I C F E T C M E E
C X K B H S M C N H Y O L H R Z A N I S
K I K X M U H X B S T P J U X D X K A I
```

BELL	MISTLETOE	SANTA
CANDY CANE	NAPKINS	TABLECLOTH
DISHES	PEPPERMINT	TREE
GREEN	POINSETTIA	WRAPPING PAPER
HOLLY	RED	WREATH

Christmas Eve

```
F F P Z H B N U S T Y N E X P P Y S Y K
P Y X Y J X E T V G E B V G F P P V K E
C R Q N G O M S U Q N I P V X J E S L V
N R N R B S X U W S Y Y M B A W E A I E
D Y A W P L T Z S E C D R Q G Q L M M W
G R E N N I D M E I Y A J Z A T S A C L
H H H K U E J T V R Q K C N R D B J O U
F Q I S B V H H C O Z G T B O A N A O R
B X L N N Q S C F T B I U B H F Z P K J
O S U T T S W P P S C D R E N A U T I C
R O M T Q H A Q E I W H K L X D Y R E D
N B A Y V B D M P O T I E E H T E A G U
U J U F P S U A T I Q J Y S T J N D J N
E A X X A U T U Z S P V Z S N O M I Q Q
R W H T E I W Y Y L I M A F N M I T J C
L V N H O Q G F T J M R M Y A C H I L C
K A L N J T V J H N Q X H D C H C O G X
S A N Y A B B T F G P R F C Z T O N Z R
K C I K E Y K S R U Z O S X D Y H U X U
M U L P R A G U S Z S M E L U B U S Y V
```

ANTICIPATION   EVE   SLEEPY

CHIMNEY   FAMILY   STORIES

CHRISTMAS   MILK   SUGAR PLUM

COOKIE   PAJAMAS   TRADITION

DINNER   SANTA   TURKEY

```
C J S R L A R G E B N I Y V J M R Q E P
T E F O H E K P L W T H E E K Y Z C C H
R N Y R B R I G H T H C W Q S C P I V G
E B A F B E R A U Q S N W O T H A T L A
E C W A G T Q T N U U R A T S R R Y T R
O E G M A G K G D L M X P B U I K H W L
Q M Q R E A Q U E D H V X G A S X A O A
C L I X I B B I C B B O H O Z T A L U N
N S D N W O W D O P C L A Y M M R L J D
L N T W D B V Z R Z G E A M A A L D A B
Q L N A W B H U A G N P C F M S B D H G
F G A Z Y K W F T L K E B X P I R K Z Y
V J L T E I E F E I E M L G Y M Z S O U
E U E H V F T Q J G P P T E Y E H F S V
B G L X S C W P J M B A R Y G L J D Q P
Q D F I D S I Y J L F T E J T N E Y L Q
W P B Q G E G D C U Z S E Z V N A F X J
S T L P H H O V D T U O A U I X Z Z K G
G Z U X E B T G K Y C C U P J Z I P J T
I W B B O F B S F U S Y R E I B P V G G
```

ANGEL	DECORATE	PINE
BRIGHT	GARLAND	STAR
BULB	LARGE	TALL
CHRISTMAS	LIGHTS	TOWN SQUARE
CITY HALL	PARK	TREE

Helping Others

```
R N J L I O A I O X A Q J E M C T Q Q Z
R E S E V C Y V C E R A C B L G N C A W
W G Q Y W V Q R N E M R X W T Q E L T R
V J M O N O I T A N O D G N K Z M I Q E
L Q U A X K P Q G J U D T Z V T E Y C S
D M W Z Z H M N M I M C B Y Y R T W A P
E G F H G N I P L E H J I H G J I E Y O
L B T R B D H K C K A N Q W D J C V W N
K U R R R R H A V M K K N C U I X H O S
E E F A X Q Q E O Z J U X I N X E V R I
H V W K X W G U L O Y B H P C N N M K B
T E R K N W M R U T G P T G N I R B F L
R Z B J J A F B N R A P P T M M V K N E
V G S L J K H F T L Q I B A N V L M O H
E V A S F O C T E Y Q M P Q H Q R G F O
O W H Q J Y B I E A V F N H L B R I F Q
Q Z X N H U I U R K E I R T R I T V E S
M Y E G I M O D J L K Y P Z D O L I R O
T S C R E D R A B L Q Q W B J B K N P K
C B T W A B U Y W U X I D Q C N C G I U
```

BRING	GIVING	RESPONSIBLE
BUY	HAPPY	REWARDING
CARE	HELPING	THANKFUL
DONATION	NICE	VOLUNTEER
EXCITEMENT	OFFER	WORK

Christmas Parade

```
K K L T S D D I J V C C D N Z T B T S I
O W S Q Z D S P P C I L Q X G Y Z J V C
E P Q I W P K Q A T O P S O N G Z S V L
F Y S F E E U R Y R H J W A K K X U C W
M M F T K H C O J V A G X G N F D G E U
R O M Q T H F N R M S D I F T T I A A G
J P T P A L L T A W B M E L A E A R F C
B G Y B P I K M F D Y X D N N M H P R I
J I M Q W T B L J S D U O U X U O L F E
S E K Y M E J N A H Y Q O D I S R U E S
N O V Z F M P C G W X N N U J I S M Z I
Y O Q N K F K B P D T B X S B C E X Q N
E D Z I X B E L L V O K R M J T W I W G
G E X H B A J D O P X B O C G C M M N Q
U J M S M P J H T Y O F P D P B F T S U
J E P I E K M A B Y S N O W F L A K E V
A V V I S B T B D U U N Y P O C K I M J
T M P I E G W S A G Y H V A K J Y X P J
E Y Z W Y E T M S Y B Y T Y S E V L E Q
T Y X N J Y G Q J M A R C H W L D C N D
```

BELL	LIGHT	SING
DANCE	MARCH	SNOW FLAKE
ELVES	MUSIC	SONG
FLOAT	PARADE	SUGAR PLUM
HORSE	SANTA	WALK

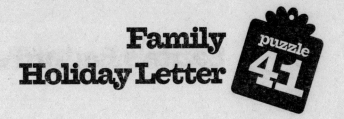

Family Holiday Letter

puzzle 41

```
E B H M V Z F U D X K U W J J N V X W M
W D U T F A M I L Y F D T X E F D P A N
D L J Z L E O J S E R A L U Q U H E D I
E I F O S A O S M L D Q S R D O V D T K
O O J I W H E J O D U F F K T D K S J P
X P R W K N Z H R T Y B B O O G S R F R
T U D V I E F E R E K P G P I U E Z L Y
W M G P A G S A E X O R Y J L T H O A D
Q U P X U S V O M S A G V T T Q Q D L Y
E A R D Z E E X T P Z W S E W F I V R L
H R G O L F K A H V K I L Y O L Y R L E
R Q D H H X G S V U P Q A S O G N X S J
Q D S T U E Z P A Q Y J K H J N K T I I
O C C Z S T N E M E C N U O N N A P I C
C S L I A T E D A C X K X C N L S T G I
W X P N S R S N A V M U H S L L T U Y Y
U Q L M W W Y D D K C V W C D Y A B Q X
B Y X S L Y I T H O M E Z K A P M K Z O
T T G G W A S E V E N T S Y U X P S I M
E N O I T A C A V M L X S T P E F Y I T
```

ADDRESS	HAPPINESS	PHOTOGRAPHS
ANNOUNCEMENTS	HEALTH	POSTAGE
DETAILS	HOLIDAY	STAMP
EVENTS	HOME	TRAVEL
FAMILY	LETTER	VACATION

Santa's Bag of Toys

```
Z T Z M M E U V Q H T I N R R K C S Y I
S Y I U O W A D C N V F G L E K K T A S
L I E X M Z C W Y N A Q C M M X J M J G
N H S K W D N Q Y O D F Q L A B S L L O
G T E K H K K J K G L E P D Q E X O P X
E H H M T A A U O A L S Z J T U V L Y U
U B V Q O C T T D W A L B X L E B A G G
C K W B H B P N X Q B Y O V F D I T L C
I N G O M A L X A C E O K D L G Z T O W
P C W C G T Z J V S S G I W C I R S Y O
U U W H Q X Y P W W A P D I S U A P G G
A R M Y M E N Q E B B B J N C M H F Z N
J E D Z Y D J T M Y J F X K O F B P D A
Y E E N Z P X P C N H D Y X A A I R P B
D H M N H D F T N E O A F U X Z G E G T
P Q U E L G L V M W H T T W T T X S I F
D R A L G B W J D J O B F B K P H E I I
T V U X Z Y Y E X C A U K F I T I N J G
Y E I D W S R Q S T T O Y S T A P T U E
Y D Q X P V O F M G J K G Y Y P O E W H
```

ARMY MEN	DOLL	RED
BAG	GIFT	SANTA
BASEBALL	GLOVE	TOYS
BAT	HEAVY	TRUCK
BIG	PRESENT	WAGON

Santa Comin' Down the Chimney

```
I S S G U I E Y R G P P F X S A N T A C
E K Z Y G N I K C O T S E E P D G V K E
S I U A Q E E K M O F L Y R C F K J E P
Q L K X W K M P O O K R V Z H F K N J H
Y X M O F N F P D N E B B Y R Q O O S Z
X X S O O L K I I L N Z E I T D O W N N
O L V P E C B W N U F E Z T S G Q O N K
J Q N M O X T D F N E C R J T U Y J V C
N X B L K R E Z B L X A S W M Z D C H B
D Q W A K E Y E C B U L E J A C B O F U
C I A C R N N O I S E P N X S F E O J Y
K J T V R N K A Y N M E I Z E L C M O F
T P O Z M R W W Q L B R G H V A Y O G X
H B S K O V D K S X D I H W E C E O K K
U R R O A I Y X W H S F T K A I N W R
D X F Z P Z Y C D W D G M F B G M L U M
O P V H W S L E E P L Y K Z O A I I N D
W H G I E L S N G P M C N M J M H G F A
U L D K N H Y C E L R L G Q P P C H K E
T E K J E K H L S Y W P Z H A L C T X I
```

CHIMNEY	MAGICAL	SANTA
CHRISTMAS EVE	MOONLIGHT	SLEEP
COOKIE	NIGHT	SLEIGH
DOWN	NOISE	STOCKING
FIREPLACE	REINDEER	TWINKLE

Happy Holidays

```
I K A J W J C S L E I G H R I D E S Q N
Q J N Z Y Z P N Y P J B N C R N C K I H
D S C A R O L I N G Y Y U W Z O P Y P Y
E R U K D V F H D W K I T Y M I X B B S
R E V E S A M T S I R H C M B T X A E E
N Y L A R P P S H K H G R N X A I V H K
R W P I H K N D V A X S A L B P I O N A
I A G O Q K N K F L E I C R S I L N K L
W H F C A Z E J I S T K K U I C Y H B F
J T Y O J W S L O K S V E W Z I S A Q W
K R K K Y L I M A F J R R K H T T O S O
X G B W S N O I T I D A R T N N U D U N
C C N H O H O H O R Z C A G N A N Y G S
S N C I D F J K U H C E K A P O T U A A
E D C M K L U Y U K O D A M X P S O R I
L X W A Q A Y X E Q O I J R C J E P P R
V G D X P M B M M M K X H E M W H C L C
D W U N P G P J G N I T A K S E C I U E
L P R E S E N T S P E E A G D P L Q M N
P B Q W O U K X N Y S L D C I O U Y S Z
```

ANTICIPATION	COOKIES	PRESENTS
BAKING	FAMILY	SLEIGH RIDES
CAROLING	HO HO HO	SNOW FLAKES
CHESTNUTS	ICE SKATING	SUGAR PLUMS
CHRISTMAS EVER	NUTCRACKER	TRADITIONS

Peace on Earth

```
P F V M E A R T H S M Y L D C Y H D E X
Z B F W Z Z S S C X R T H D X Y C T O H
Y D J U E D A Z K H Q L Y L L A O U D V
F N L V G N I R A C B H F S Z S H R E X
P S E I R O T S E T U O Z K T I J E R O
I X L L K A J W A Y A B X A P Y N T L U
H Y C M D E T I N U T R R N S K P H U P
S Q Y M P E E T B F F S M J E A W M I N
D H G C F V G C Z B N A M H H G A G S L
N J U P N O O W A T X S R H I F H F E Q
E R E F C L O H O E C I X S D U W T B R
I F G X R U D R Y V P L L A G D H P O O
R B S P A H W A Q N J E B B W O P P L B
F Z U I G I I V I H G N E Y B V D E G N
W P N Q N Y L Q T N V T S X L E T L W C
Q W O X V G L I A M O N K R M S D H O M
U E E Q A S I P A Q A I H T Y Z X M N W
T U L M T I Z N O H S G G Z X C N D S K
D M S N N S F V G W G H G V N I V R S G
X G B W X U H W N W O T S T A T O H O X
```

ANGELS	GOOD WILL	SINGING
CARING	LOVE	SNOW GLOBES
DOVES	NOEL	STARS
EARTH	PEACE	STORIES
FRIENDSHIP	SILENT NIGHT	UNITED

Christmas Cut-outs

```
G R T J F R O S T I N G C U F Z C V W N
G N I L U F T H G I L E D D A O R B R B
Z O I D I N G H A E B N L O L G X B B G
M U J K P M N G K C J E D O F Y R R O R
G H Q J A C I N R H D Q R R Z L H P T E
Y P Q D D B T X R K E S O E N S R Z Y X
H K V D Q M A N S F R L Z Q J X Y D Z I
X Y E T U B E O N U L X I D X T S B Z M
Y A P N D T V H O I O K L S M B P S J I
L X S J G K G L N H G U B S H R R E S B
U I J N S N F G G E O Y C P Z D I D P L
B K E U I J O H T V R B L F M L N L J H
M E G T U F A A Y X D H P W N T K C T J
C A T M S X R T F K X P B T I P L E I B
R U R X B O C R K U U W N V D I E Z C A
C Z H V C U V X R X S E P A H S C H N I
N E Q E L G L E M E B N Q L X U V I S L
K F D D X J R U T W I O D D O M R U N T
Z O V E N P X A W L T J V F Y A J A U G
Q P H J C W T B T N J Y I P D W K G A W
```

BAKING	EATING	OVEN
COLORS	FLOUR	ROLLING
CUTTING	FROSTING	SHAPES
DECORATE	ICING	SPRINKLE
DELIGHTFUL	MIXER	SUGAR

Picking a Perfect Tree

puzzle 47

```
S Y H P L R F Z A T R E E F A R M B A E
C P F X H Y C S Q R P I B M R X L F K Z
F O J R G N I M M I R T J V S I Z E J Q
S Z I P O X E A A M M L N D J S V A X U
N C R N D S T T N F R X H S R T B M W K
B O Y N B I T E S V I W C C X A T A F M
H S R B W D Y J I K F G Y L D N S U A P
B Z J D G O R Z Y C S O S A X D E T M O
J L J A X M T Q W T A J R Z Y R R G I D
D N N P L O P L D E L J E R X K O B L G
F F F P I N E L E Q G C X J J H F X Y G
K W W H A E C A U V U D U J E R N U K O
E Q X U D P J R X Q O Q O J F H B G I F
L G J Z H H W H Q E D K Y V E W Z K W G
S G K G W S D N E I R F S K E W B W I B
I Y X I W T U B K Y V Z P D T Z A I K G
U I V F Y U K Q J E B F J D Q V K O J U
I U H U K M Z E S H O P P I N G K S H V
C Y C X E Q G C O V P S I A O Q Y O V G
C U T T I N G Q J X U R G E J Q R E W Q
```

AXE	FRIENDS	SIZE
CUTTING	FROST	STAND
DOUGLAS FIR	PINE	TOWN
FAMILY	SAW	TREE FARM
FOREST	SHOPPING	TRIMMING

Stringing the Garland

```
W Z W Z Z E P M D S Z C U I K Y M R Y C
W I A X R O C Q T C B M Z W I C R S S J
R U K O N S S H Z P K Y E G E B D F U C
T E C Y V X G D X E N L U M T C Q I U B
J E D A V I V T A G K K H M E O I F P Q
D B J Z L X S A Z R X W T A T L G S Z P
K Z Z M C K V K A X N E X G B O I T H B
J B D G F Z F P V A I R P I B R L R D S
K A A E K E S X M I L O P C K F V E E N
Q G E Y P Y F P Y P P O Y A C U I A I W
E C R B M O B T G C M A L L X L X M C M
D Q H W O O U R O N X P X D L N H E Q H
C W T D O U E R A P I Y S G N E B R U W
C H H N N T N C L T I R K M T A P S H T
Q J S G T Z Q Z V J I C T Y J I L H B X
T O B I N F G Y B O G S S S L C E R O A
I D L Y T I Z F O O E G T W D P O S A K
I G F C W R A P P I N G Q J O J V C W G
N Z Z Y B Q B T P H N L Q W P B X H Z B
F E C Y R I B B O N T V U V R W H V T K
```

BOWS	LIGHTS	STREAMERS
COLORFUL	MAGICAL	STRING
DECOR	POPCORN	THREAD
GARLAND	RIBBON	TIES
GLITTER	SPARKLE	WRAPPING

Christmas Wreaths

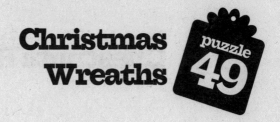

```
L S J Z Y G R A W D A X S E P Y K B C B
C O Y J Q O C H U O B B P L H Z M J K P
H Y C D K A A J K O A E Y M B Q Z B F N
J L Q F N F F D I R E R P F H C Q A B Z
Q L C Y Y A L O H S Z Y D J G X C S I O
R O N L M R C K I F O O J Z S P R W I B
V H N U G Z H X V U L D T P E R S O B B
V H Y V W O N S W X T H M Q H P E B R U
I O Q D X L S V M F Y X L J C D H M S L
R P M O I B P O X P J G T S N R C T W B
C I R C L E S Y K C L V D X A Q N V O S
G D Q M V G N X H H F G E A R T A S D C
B A N N E R S I E H H N E P B Z R T N L
S M H K X R J E L V X X I V E Q B H I M
B W S L L E B Y U N P Z F E N H G G W A
D O Y W P I V O G Z O I F M I V O I X T
G X R B R E G K X Q E B I T P D K L S H
Q Q Q D Q R I B B Z Q Z B V K L D X M J
M I S D V K U A L A T U I I F F R T F P
X T S V F V R P L H B N I T R W B V B B
```

BANNERS	BULBS	LIGHTS
BELLS	CANDY	PINE BRANCHES
BIRDS	CIRCLES	RIBBON
BOWS	DOORS	SNOW
BRANCHES	HOLLY	WINDOWS

Chestnuts Roasting

```
O P D L X F I C Z P Y X L O M C K Y R W
L G B D A Y G X S A M T S I R H C S E W
Q K Z B O N G N B E L E E P D M A T T Z
S E F Y K G O M R Q N Y S O T Q N E N F
M R F H F F X S E M A L F G C H S A I V
M M M P U J Y T A W F G A N I V V M W O
U A F U X N B F D E Q E P E S H H W W V
M B Q A Z G B P Y C S G X I N F O G G E
F T J N E R I F N O B Z R X N Y L P C N
W T W I G P F O L B A C Q V R N I B Z D
L X N U X C Q W W S Z R O B X R D A I G
I G C R X S B A V Y K Z N K P W A K H K
I B W O T S U K I W S J X U C M Y I Y N
Z C Z A R J S U O I C I L E D W F N Z F
A N A S E L J P B X V P I P A Q O G D V
C V L T A Q U G S S M C F J B D O P L N
C Z H I T G Q P J C L V S O P Z D A F W
G D X N B N Z Z P C B O H W Q H F N Z Z
Q E H G K J L D E X A P U I J J Z J A C
O H N S T U N T S E H C W L D C C G G
```

BAKING PAN	FLAMES	SEASONAL
BONFIRE	HOLIDAY FOOD	SNACK
CHESTNUTS	OVEN	STEAM
CHRISTMAS	PEEL	TREAT
DELICIOUS	ROASTING	WINTER

Ribbons and Bows

```
E R F G H N R Z C P B F T T X Y L D B I
Y Z H L B E C M I V L C B U R I E Q T W
H I V I R T R M T O E S L G J D X Q Z E
V P C T K J P W F X B L K C H D K U I E
Y X L T P R G H O I J I V F M B B T G J
P A D E M O K M S P M T Z E M O U N L V
N K U R D I U G M D H B Y F T W I L K B
N M Z Z M Q P I G E B N D W Q P G D R A
O V S M L T K S J I B P G F P E D Q I S
I W P N M Z M T X R H M J A Q R C A B C
C X V E K O R L I D V Y R B B Z V G G K
D W P P L H G B E C M W W Z W P D X Y V
A O N A R P B C G C Q P O L C Q M B Z C
Q Z X T T O A L I I A I D B V Z L I W Y
X G X M N E X Z B P Q L J I F Q V N X A
F Q R M H H T H E W X S R C Y Y L Y F I
C U R L I N G R I B B O N F I L O N E V
I E X P B J O Y P N R T C S A W I I D I
G N H J N W P S K P S C M M J P P H E D
E H Z B M U G J M O G S S P Y U R S R Y
```

BIG	PAPER	SOFT
BOW	RED	TAPE
CURLING RIBBON	RIBBON	TIE
GLITTER	SHINY	VELVET
LACE	SMALL	WRAPPING

Holiday Travel

```
N C E T R A C U O T S Q C O D I S M F T
G T Y A V H O J O C U L A L F C X J V V
X G L X W I G G G C B G P N B U U R A I
B P S I D D S I T S D F F I R A D C T V
P P Y T C P R I E G R P X E F L A G R W
H L L L J Y V E T L Z F C S O T R Z A Z
O A B Z I M Z J N K S S C L I P J O V H
L N G C J M K T F N N R A O C A P R E T
I E P P E A A W N E I N N P F U T Y L H
D H I R R S E F X P J D J I D R E Z Y S
A A O H I I N H U J F Z V E T C K K I L
Y N P O P R K G Q Q J G D L P S C J Z G
G T R A D I T I O N U J P J X O I D J K
Y X U U V Q H J K P Q W F V O Q T O A U
O S X T O S N Y E P E L I B O M O T U A
Z Z F P Z I O J O A L X F F M D O Z Q D
G R E H A G Z W K J P H M G S Z C S X G
J V Y R H U L N A R R M Y J Y I G K F K
R O T S V W Q W L V M I L B V H E G Y E
X A T W A B V T N T F D R L K B L X K B
```

AUTOMOBILE	HOLIDAY	TRADITION
BUS	PLANE	TRAIN
CAR	SLEIGH	TRAVEL
DINNER	TAXI	VACATION
FAMILY	TICKET	VISIT

Building Toys at Santa's

```
W Z M A U S K X N O Q X B Y T R I U X D
L P R D D W T R P O Z W P E F W I P I D
F L O H R N X Q B J Q C Q I H R O C R I
N R L Z I K B V Y A E W Q W B E E O B M
Y H O G G J W T U O I M O J N V D N M O
Y O C L L B I Y F A T G Y D S I L N Z J
L G E N U J O V Y E Y Y X O H R I H O S
U L X W E E N F S T Z O F O O D U N J I
K A Y G H B U D H J F S X W P W B P E K
G Q G T U T E N O S A Y F Y T E F L W I
Y E J E N C N E Y P U F W N J R P Z C Q
I S M C C D L Y W J R R G C H C V H E Y
G R W T F W L G O L E R B I I S L R D S
H W T C Z Y O U R Z U E M W W K U Y M S
S P X J A Q Q R S R R O R H R L R X R P
S W S N R Y V L K T H A M M E R S U F Z
O A B T A M S T N I A P Q F N P A M E D
M Z N P G I C I X S S W V C C V W K J K
D Q O T B Q L X O C Z I U W H H M V J U
M T J F A H A G O U B Z Q K N Z U X G G
```

BENCH	HAMMER	SHOP
BRUSH	NAIL	TOY
BUILD	PAINT	WOOD
COLOR	SANTA	WORK
GLUE	SCREWDRIVER	WRENCH

puzzle 54
Trip to the North Pole

```
W W L T S B X Q M F H B L T X K F C G T
A I P M T I N K W O R K S H O P O C H F
K S A D U Q Z W S A N T A Y B W D L E N
O H N D V U L C A X Q C T U Y R T O V M
F R I O E N C H A N T I N G X E N C S F
A R J I W N S M W B E B Y P L B G L S P
J I I C I J B E L J D G A N V M G Q Q S
U T Q R I S F I V Z V G Q O Y E X A Q Q
B N O I C L Z H W L S K G R K C V C O E
J P W B D Z U W E P E G O T Q E X H O D
D W R G A J O V Q J W P N H P D S E C W
X B R R D P N S T R A R C P J S A G O A
N W D L T D R U N I R F D O H Z K N W M
F R Y W L K G L Q F M K F L I M D C M S
S T K P J M R S C L A U S E O E U Y M N
S E L X E T K B G O V L I W R C I S L D
S V E M A G I C A L V F E L X H T H I R
E C X U N M C H X W L V A P C A K N K C
Q J E X J Y J U O U K N A L L O I E J
H O M E V V J A P V D W O G M X G C Q H
```

BLIZZARD	HOME	SANTA
COLD	MAGICAL	SNOW
DECEMBER	MRS. CLAUS	WARM
ELVES	MUSIC	WONDERLAND
ENCHANTING	NORTH POLE	WORKSHOP

Jingle Bells

```
W Z Z A T D O B U S L E I G H J O I M R
F K C W O O Q H E G N N M W Y T P C C P
D N L D T B T L K L J P M X W E W E J F
O M E T T S S P N L L G E K U N Z F I S
R D H H S I C G R G Y H T T A R A R N N
O P H M N A M K T F S T O C E K E C G O
Y V R G O J J H U U B T X I Z R M U L W
Q R B B M Z A V A Z F J N S N Y I D E P
V P I K U L A W K B T D O E M A H F R M
F H X M X D Q H L L E L L C M Q C A S V
E R V O I N C U L E E Y F G L A D Y Y D
R N T R J Y J J R S Z F J D N S N E Q G
E A G Z S U L G X I N L Y Z A I W R H D
D B O Z H A X I H A V H T V M S G N O Z
R O H O J H C S X X Y S O Z T U H N U W
I C L A S C P B H U Q L V K Q A O I I I
B I C H R I S T M A S T I M E K K N N R
B G L E S R O H G V M T A V G U T B D G
O J N O I T A R O C E D E G W E G H T V
N C P G M E X S R E A G E F R X C E N D
```

BELL	HORSE	RINGING
CHIME	JINGLE	SING
CHRISTMAS TIME	ORNAMENTS	SLEIGH
DASHING	RED RIBBON	SNOW
DECORATION	REINDEER	WINTER

Snow Angels

```
D I W O N S O C Z W U Y J C S G N W S U
J U A X D L O C V B W X R K L F I R J A
B T L U V P D L S M G O L A H W C F F J
R E J H A N D O P U A T L L P Z G B V V
V O F X S Y Q G E U T L E T J I F V M B
O S Q E R V P N N H Y G P F L B X A R M
Z S D T B E M J B K S T U B E Y P E C I
W I P D Y W Y Y T W V P I Z G J H F X S
W G H R I W K O I I C L C F N S H K L W
C Q X W L A Y N J G C D W X A G J U S M
Q E F E J M G Z F D R Q T C B P F Z Q D
K I K U Z S K X T Y K Q I T L Y G H H T
X J N A J O B L K N N Y I R A F Q E Q M
E T M S X E E I R C B R W L U P T P S Z
J P F Y Q B P Q H J Q W P N F I U C O X
C N M V E L T F R E E Z E L H V O B W C
U J L P W I B Z I Z O B V W H K V A A D
L P O L R G P X N B R M O I S B B L O H
M R Q B U T J N D W V K Y R E P K H L V
P T M P J V V N K F L V W W V F S W X U
```

ANGEL	HALO	ROBE
ARM	HAND	ROPE BELT
COLD	ICE	SNOW
FREEZE	LEGS	WHITE
FUN	PLAYFUL	WINGS

Christmas Shopping

puzzle 57

```
P H H M W G Q X V H V H S W J T T W E G
S Q A I M T M X Q G R O Z I G E T D I H
A L I C E O B A I D L I D S P H T F H S
L O D O N Z C F U N K E E B C S T R T Y
I S F E L K I S L F U G N E D S D O Q X
K D Y I S Z I U E G I A V Y A D R U K M
K W R R E C G O L H N Q X Z O E Y Z F Q
M O M U L K P X M T S H L Y Z T K S U Y
B R M H E V D C T N N S U Z S S O E A B
E C G P C U P T K D O K E I T A F N I H
R W H N T X R C L O F Y L B Z L V I O L
Z Y E F I O C H P C C O P Y Z E F L Q E
R X H O N P R E N U Q V R Y H W R Q X G
C V R C G U P K Y Y R C Y T I N U N B M
D Z S D A N V A Z C X O U B L E Q W P C
Y R R G B R J X R K O A O W R A Z F I L
L P Z J O E X F N W I Y R R U H C V J E
R E C E I P T B C Z H H T P V R S J D R
R Z C Z C F S R C R P X J W L D S I I K
X D M U H L F L V D C F L C D Z L Y E E
```

CAR	HURRY	RECEIPT
CLERK	LINES	SALE
CROWDS	LIST	SELECTING
FUN	MALL	STORE
GIFTS	MONEY	WRAPPING

Cookies and Milk for Santa

```
M V G J D A Z F K Q K M G E C D S S H X
D B X S N W L G G E R L U R D Z R T N M
A J U S H I E T U I A L I S J V O L I F
T N B P F Z Z I B R A W E M B M P B J K
N H J I X Y M Y E A P J R S Z L Y W H P
A G Q H I Q B A Z Y D D A J A X L W C E
S T C C N D D A V N C X P T H K B Y Z A
H B Z E H Y E Y A G O D E P D B Z H G N
R J E T X X W C T Y R X R M R N Z S H U
B X L A O S E A O N P L P Y P X E Z J T
D H N L X O D T I R H E C T N I W M K B
J O A O N D N B O T A O O B Q M N N N U
A P P C V M J M E N I T G Y J K Q M F T
V E K O W J E Z B W T N E H G A G N T T
H F I H P P G B T X H I G E Z R A E B E
O U N C T F I F X Q K E N T A R D R O R
U L C C F H Z T P O L A E M T A O O I H
Y J Z J T O Z G O X V L Y B A N P G Y A
T M W E B E B C Y K B Z F C H G L W M B
S M F R S W A U W P B B B R F E E N P V X
```

ARRANGE	MILK	PLATE
CHOCOLATE CHIPS	NAPKIN	PREPARE
COOKIE	NOTE	READY
DECORATE	OATMEAL	SANTA
HOPEFUL	PEANUT BUTTER	WAITING

Stockings Hung with Care

```
W S E V I T S E F B Z Z U T M O Z S L L
T Y X Y N H P B N P B F N I V E S R W W
Y V Y M U N C L E D C I W I Z W Y G U R
O K Z S O C K E W A N Q G Y M E K E T B
W C B Q R P E T R W P L M R E H T O M W
R H V R E K W R S Q Y U F P Y X I K S F
K I N L E D A U K O E I T K T U W G Y C
E M M Y S N L G S A R W Z A Z P O F S C
P N S T G T N U A E B S V Z Q R H T N J
T E B E Y W M D P R H V U W P X O K Q E
W Y U M H C I L O Y F I H L Y C G B U C
B G R X B H A T O K C T A G K L Y A H G
M Z A E T C H W G U R A E I Q Q B J B P
J Q E I E E Z E V Z M V N J I R F N S M
E E C Y R T L C S B M G C O I C L E F Z
U C Y S C F T I M P N P S G P N B Q N E
K N A Y J I S N X I F J H E C N D F W D
B O Z L L T I F H C Q T R J U B A F R E
D A Z G E J X D M I W N F Z J N T M P P
F W H R P F P N V X N R E H T A F V E L
```

ARRANGE	FATHER	PET
AUNT	FESTIVE	SISTER
BRIGHT	FIREPLACE	SOCK
BROTHER	MOTHER	STOCKING
CHIMNEY	NAME	UNCLE

Decorating Your House

```
F W E C Y D J R S A N X W Y W U H E W C
D E S C I F R Y J I W P M S M B K J W H
J E T X V H Z C H G I N I P W Y Z D T P
M D T O O K A E E V E X B R W W X H A H
A C T A T F G D U Q A N S N O U R S A P
I A Z G R I Q Q T X I T T O Q X A R V D
L N U I E O Q I N U H S A W C M O R J F
B D J D H B C S O G W L O V O O J O R C
O Y O H J F A E I X G S P A D I Y O J X
X C U T Y G U L D L O N H W T U V F W D
B A N Y F O R I E R Z K B S V N S W A Z
N N X A W O C V E I S T I R Q B A Q L L
G E L R N Y S B R V N D U U T J R S I R
I P C D K O D K T E E W I P F P J S O C
P C O Y C D Y S S W I M J Z Y K D N D S
W A L K I N G E A N M F G M Y A B I Q Z
F L W G P S R L D X O Q M N C L F W R Z
D V L E B P K O D Q J T G S S L Y H T M
J H U J C S W E B K B W Q M L D O L Y F
W Q U Z L I G H T P O S T P P R S C Y T
```

CANDY CANE	LIGHT POST	SIDEWALK
DECORATE	MAIL BOX	TREE
DOOR	PRESENT	WALKING
EVE	ROOF	WINDOW
LIGHTS	SANTA	YARD

Baking Cookies

```
T U G P N I F Z W M K T W F G G R E U G
X Y M I X Q B X F P D D E I G K C C D Q
V X S H F S M U Z O Z Y F F B G G C T I
E Q U D R S X K I F L V R M G I E J S E
B S S X Z W V R U N T H W W M M P V H W
J K M D M O L U L J S P B O Y L A U V L
O X F C Y V P R P P L G A A W J H G D R
L I L A X N I R W V N A K A A R S G E H
G O T L D T P Q W F Z W I K A A D N T Z
Q V U V K Q Y N L X C N N N N J M I A T
I Q I K K O I S F M G I G E W I A K R A
S Z L F S T Y H U R Q M P A N M X O O S
N H T J O P B X E F Y M A D O Z I O C T
J U I B H M C D B A K E N R F R M C E E
C N L E F S I T F S I K A Z U C T X D M
B K L K L E F O S H M R O D R O L W W H
B J O G N Y E X H O D E Z W L O E C C B
F R R T M K W J M X R O L P R K Y U S Q
M Z S T T T H V I D P F S L B I A L X P
F H W E F V V V B H F P S Q G E M T F O
```

AROMA	CUT	MIX
BAKE	DECORATE	ROLL
BAKING PAN	FROST	SHAPE
COOKING	INGREDIENTS	SMELL
COOKIE	KNEAD	TASTE

Sleigh Bells

```
Y Q H E M I W Z F I S G Z N B R U E Z V
N D Z F V W K R O L Z K D D L X X A F M
Q R T R E L I M E H R X U O U T S I D E
F I Q G E Y N I Z H Y E R V V F U Q Y V
Q K D R J F G R W Z R D E T L Y T K M R
S I V E V H R T A G E C M D Z O O K X A
Q M W C J L S E J H Y E Q V K I P J N S
E X G O A N T S S T N E G E M D H V L Q
A O I L B F M K E H Y N T P T W Z A O J
F A C D A B D S R N I B P P U D T Z G R
I J N O W J E V A X R N R C J Z Q O F K
T P U Z P V F L Z P W A G A V X D M W C
K Z F C E F F G L O L Q H M A S A N T A
R S O H Y C S X N N L T Y W F F U R L F
E V H I S I E S Q L O U D F A S T K D C
R H O R S E N U M J G H K Y N I E C R V
Q V Y K W J N V Q V I A L J W J S Z V T
X G A I M Q S T L L R V I O T O I B K E
V B Z I T D X Q Q W L G L K N C C H R W
Q D E F Y P K A D W A S C G Y P U Z M B
```

BELL	HARNESS	SLEIGH
COLD	HORSE	SLOW
DEER	OUTSIDE	SNOW
FAST	REFRESHING	SONG
FUN	SANTA	WET

Holiday Gathering

puzzle 63

```
E J E G N J K V A I C K L Q W J H P K H
A S G X A E U W O X O E D W I C O T I L
X V I Y N T O B D Z S I F B N T S D A O
L E J Y Z K H R Y F J Q R U L A R Y O F
F J Y A B A V E G S X V R U F W H G W F
K G B Q V Y F H R L D B C K L L U J X F
E Z E A G R K J O I X K A O J V L Z C S
P F R L I B P N N Z N E N B J J I T U R
U N P E W M K N A V R G N I L I B X B I
F L N A E F E I F B O O S S M S Y H F O
P D J I C R I P W H H C O C P O Z I P H
S P H Z A O D K K X B L F L T C P G M C
P O B H L U N C H Y L I M A F I R U J O
K F H C P T R A D I T I O N S A U N Z Y
N H W T K B Y N Y U D O R Y J L N P F D
Y I B K R B S F I G O Q G E X S E M D L
G N U C O J P X X Y B O S S N K Y B X R
V B J B W I Y J D H O L I D A Y F V S B
I S A B D Y N O A F Y X B S R C P T K H
Y U P W Y O J N E Y O I M C P F J Y I T
```

BOSS	ENJOY	LUNCH
BREAKFAST	FAMILY	POT LUCK
BRUNCH	FRIENDS	SOCIALS
CHOIR	GATHERINGS	TRADITIONS
DINNER	HOLIDAY	WORKPLACE

Christmas Dinner

```
K C H S P K O H N V Y O G U F L P G Z V
Q B R F T U L F L R G G O N G G E Y Y F
B O Y A E U S J K Z K V A X V G G X O P
K W G C N N F L A W S C Q T F Z W J H I
S H K N Z B I F L D H F R I E N D S T E
W B S O D O E C I O Z F I Z Q C E V D S
B N V W H H G R B N R S R Y E O U G U T
A X S G C F D K R O G E R Q C X N L I P
M E N U I D A J F Y G O Z X Y Y B C P I
W R A J S E C M I E S T F W J H S L Y N
S H E P U E A E I L V A B Y E B H H C D
M C B D M T N G H L Y T U Q U S E T T S
J A N Q I L D T A M Y O W C N M V O U Q
N C E G D C L H Q T S P C H E D P L R M
A C E J U H E H I F H D R N L S E C K M
T Z R I G E L L T T I E C H U G J E E K
C E G Y Q Z I U P N M H R U E Q Y L Y H
Q G D P E F G E F P A S C I W C D B N C
Y E V M T A H S Y T A A R I N A Z A S Y
A V D H Z Q T U I F O M V P F G K T B H
```

APPLE CIDER	FRIENDS	PIES
CANDLE LIGHT	GATHERING	ROLLS
CRANBERRY SAUCE	GREEN BEANS	STUFFING
EGGNOG	MASHED POTATOES	TABLECLOTH
FAMILY	MUSIC	TURKEY

Decorating the Christmas Tree

```
E K B D V A E F I R S U G N G Q L C G T
H K F W H J W H F T V C J Y S X R Q N M
A B U S D D B F I E D M J J H D W H I Z
B B T V G N M G Y C S O U D A G W S T H
E A S B R W J S P P T O Z S R I V T A Z
R O F J E W E G I C H T D H I D F N R U
M C Y A V J Q N I X G M F U N C U E O Q
E W X F H N I I T L I L P E G X P M C P
G I N L V P C P L R L F L X P W K A E U
Q S V H O C S L C E G S G I Q Y D N D J
J U Q N Z D Y E K G N T C L G Q F R G O
D J U I A Z H H A R I R T I J H I O Q Y
E B V A G N J R Z R G E M T N W T C W G
V X V Q I J L V F D N E X G G D J S H T
S P W S N A X E P A I X P S S E W K H Z
Z J F O N L D N J L R X F T I W U Z N V
E Z I D S Z R W N O T B N A I B P W D U
V N Y U X I T K Z L S S E N I P P A H B
Q Q V U G N I M M I R T T D R B U L B S
A E G X U Z C H K K M J D L K F R L E V
```

BULBS	JOY	STAND
DECORATING	LIGHTS	STAR
GARLAND	MUSIC	STRINGING LIGHTS
HAPPINESS	ORNAMENTS	TREE
HELPING	SHARING	TRIMMING

Presents Under the Tree

```
K P J E O K K T M Y P W L P U P P Y J U
E E H S T N E S E R P C D Z S C G Q B G
C T E K N A L B E E R T L H L O F C R B
L F R J S E G A K C A P V O S L R F I E
Z C H R I S T M A S T R E E G O O U G G
J L S L G J F H S S D L W T A R M D H I
T H L A U L U W Y Y R S H D T F O I T B
D G W C K T B F B E E K Y O E U H N A U
Q E F T W K T P T O P U Y L M L I J L E
T W H Z P N R L N M A F N L A V T T S F
F R Q H T H Z Z C Q P R Q D N K J Q T U
R J I U P P C M V K G L I F T H A F F E
K N F C U A D B N C N N U B M Z S I I V
B S D K Y G V L F Y I K H U B K Z W G V
J B I N R C F C P G P K V K V O W O O I
F Z U V G F L X T R P H H R T P N H B B
Z P E E L U Q E Y U A T K D T S C S Y N
Q V O F P M C L G U R O O T J Y G N U O
F S E X O B I Q T M W D S B E N E G M S
J S K K K Q I A W Y N Q Y C L B J N U B
```

BOWS	DOLL	PUPPY
BOXES	GIFTS	RIBBONS
BRIGHT	NAME TAGS	TREE BLANKET
CHRISTMAS TREE	PACKAGES	TRICYCLE
COLORFUL	PRESENTS	WRAPPING PAPER

Santa's Sleigh

```
F E K Q R R W O V U G N Z G I F T S F A
X J B F Q X K X F P X L A S Y C J Y S L
D W C L N J S Y U X Z T D A D I R O I E
M F A K F T S Q H I V A Q N G Y E D K G
Z P M X H K H V M V L J R F F B E H S N
S J U K Q G K G I D M V B F E Y D O M I
V X G Y A E B U I E C S B B Z E N H F Y
D C A T N A S R S N K P D A M A I O Z L
Z D G Z U V D B E Q D E K G B H E H Z F
Y V A N I I Q V E Z G O G O X K R O S L
B C Z I H G I E L S E N O F I X W B P B
I R K G P C A N B V I L G G Q Y G K Z D
G G B U O Q G C S G O R T I A A T U W Z
T T R V R B T M H H O Z G F K L S U L W
H B F R O O F T O P E Q U T K H L M E S
U E Y L M X T Y J R D A T S V D O A N I
K L K K Q I N C L Q A I T L M A H I O U
F L E R M C V K D E R P C X W W E B B T
S S U E N X S E A H X X A J B R V I H W
S A M T S I R H C Y R R E M P Y I B G T
```

BAG OF GIFTS	MERRY CHRISTMAS	ROOFTOP
BELLS	NIGHT TIME	SANTA
FLYING	RED	SKIS
GIFTS	REINDEER	SLEIGH
HO HO HO	REINS	TO ALL A GOOD NIGHT

Santa's Gift List

```
E  W  Y  X  U  T  F  L  U  C  J  B  G  G  H  M  G  A  M  E
B  C  R  P  R  E  R  J  E  R  Y  D  V  Y  H  S  M  L  F  F
C  J  I  X  L  A  M  A  K  W  Y  G  N  O  L  W  F  I  I  W
B  Q  N  N  P  S  S  F  B  T  B  I  G  I  V  A  O  I  J  U
U  F  V  W  Z  E  H  C  Y  V  M  A  G  G  K  S  E  M  A  N
O  A  S  I  L  T  N  F  J  J  I  B  C  H  R  C  N  W  A  P
N  R  D  A  J  K  B  R  L  W  L  W  X  G  Q  R  C  Y  U  M
U  W  O  M  S  R  B  A  S  E  B  A  L  L  G  L  O  V  E  B
C  C  N  T  B  H  H  Q  C  Z  A  P  W  Q  L  G  J  G  B  L
S  Q  Q  C  E  Z  A  V  R  S  V  P  J  B  N  O  G  C  O  T
P  X  U  B  S  I  Y  P  O  A  T  A  C  H  I  E  D  M  T  R
J  X  X  S  O  N  P  V  L  W  G  I  W  M  I  C  G  T  G  S
S  B  I  Q  G  Y  R  U  L  N  S  W  C  P  O  Y  Y  J  T  Q
C  S  K  A  T  E  B  O  A  R  D  T  T  I  P  B  P  C  N  I
R  M  W  E  U  E  U  S  Y  O  B  D  O  O  G  V  M  J  L  P
V  M  J  B  Q  T  T  J  O  D  Y  B  B  H  Z  X  D  W  L  E
I  N  C  V  M  U  Z  B  L  B  N  I  L  I  S  T  D  B  I  I
J  R  R  J  Y  D  M  T  S  Y  R  N  J  C  C  G  T  I  A  Z
H  B  N  Z  R  Q  A  L  G  N  A  U  G  H  T  Y  N  L  P  N
H  T  P  G  O  O  D  G  I  R  L  S  L  D  J  A  L  K  L  Q
```

BASEBALL GLOVE	GOOD BOYS	NAUGHTY
BICYCLE	GOOD GIRLS	NICE
COAL	LIST	SCROLL
DOLL	LONG	SKATEBOARD
GAME	NAMES	TEA SET

Kris Kringle

```
D H M X L Y X I P I Q G D J F G J O Y E
P X V G C G J S Z G N E C Q X E Z N L L
X W U V R P W I K C S K U N K T Z O E K
R M X X N Q H B L O U B P F X C P N I V
V B J S G H J Q N V A X Y D A H F Q S O
I W T M B L H N X G U K S M T I D Y D T
B P S Z H C O E O Y S S T R H R D Q J E
X Y Q G P T H F V A L V O M A Y Y S K S
E R W H T S T G N N B N O E D I Z Z B E
Q E R U X O A T T B W D B B A S J V S V
T D B T Y C A Z B A P E K K V U E V J O
L S A S U C Q H Y G T R C D O L A K H L
Q U T U L H U J F I E P A R T Z R O L G
V I C A A A O L H I M S L E I G H N M C
H T U F H T W W N Y L F B K Z O T Y J I
D S F V A D G D L Y G M L Q H G U M V U
T U E O L T E L K A R X H C F R B W N R
S X B K S E O I H S B W F M Q E A H J Y
J I I L R J V B E L T B U C K L E C M W
P A T Z H S U O Z J Y M L F R T Z M G B
```

BAG OF TOYS	HAT	RED SUIT
BELT BUCKLE	HO HO HO	REINDEER
BLACK BOOTS	JOY	SANTA CLAUS
BUTTON NOSE	JOLLY	SLEIGH
GLOVES	NORTH POLE	WHITE BEARD

Waiting for Santa

```
T R E D S U I T Y V L L T J V B T B O W
L Q k R D E R V X X k C M P U Q B D M V
Y N C D N A N A P k L k G E J I V I T B
P U B L H O L I B X W k B E S X L N C J
U E M H C D N I F E k M F k P k I H J M
T S D S k T W E I W F H J I I E I U O L
U G P Y J N T F E H O T S N S M W O V Z
E N X F R O O F T O P X V G N C R L R M
k I M I k W X L O R F V C E P G J T E S
A k E A X U U U N T S N Y B N P C R P I
W C D B X V G V T G R D D I L R L Q H S
A O T F Q E F I T F Y D V D F E L H V T
E T O V M M A Y D F k I B Y I I G M F E
G S B k P U P I R Z L Y A J R N G k Y R
D Z R B S E I k O O C X N B E D Q A V D
H X O O C C G C H T O P G Y P E R M Z D
I W T O X X M B S Q O M F Y L E L N Y W
B B H T L Y W C E T H B H C A R M B N A
H V E S R Z B B F D I R P D C X R Z V B
S A R H Z k Y X R B R Q L Z E Q O R W D
```

AWAKE	FIREPLACE	RED SUIT
BOOTS	LIVING ROOM	REINDEER
BROTHER	MILK	ROOFTOP
CHIMNEY	NOTE	SISTER
COOKIES	PEEKING	STOCKINGS

Santa and his Reindeer

```
M C E T J H F R E N N O D B N J J L R O
D F U N Y B S R P Y Y O J H K Q A Q O G
D O X P O X C F H U I B D D G E T E V Y
Y S V D I M B Z X M A C C I S M M A W H
H B N U C D C I R R N L C P T W X L O R
J L R V O O S E B L N E D I N L E Y V Q
P I P Z L T C I R S X A K Y I Q W B T E
Z L Q U N N O J A V B D M R C N Q Y O S
L K W A A U G N I Y L F P V H F N O A Y
S A Y D D T X Q A J V P U I O E A I R M
N E Z T I L B H G I E L S X L K P K W R
K G Q R I P O R Z U C X H W A F R Q D E
D L B Q L K U L E U J M X K S U A G N I
Y D A T N A S N Y G Q Q V G T J N J R N
D O O V X S K W T J G O Y B G J C U E D
E A O G U I L T G H T Y E O P I E R H E
M V P W P P Y O U N T E M O C O R I S E
E Q Q T V R F T U B I F N E X I V Z A R
Z E V O A S Y O T F O G A B Y I X M D J
R U D O L P H Z A A W N N C G A S F Y Q
```

BAG OF TOYS	DASHER	RUDOLPH
BLITZEN	DONNER	SANTA
COMET	FLYING	SLEIGH
CUPID	PRANCER	ST. NICHOLAS
DANCER	REINDEER	VIXEN

puzzle 72 Wrapping Presents

```
P  T  A  P  E  Y  B  O  P  B  J  D  A  O  M  L  E  O  N  E
I  I  B  U  F  Y  D  Q  J  V  X  U  F  E  A  C  A  T  E  S
P  B  N  M  G  G  Y  C  V  E  B  B  U  P  A  T  O  O  K  R
H  M  M  B  T  Z  T  J  R  U  M  R  O  L  W  G  U  D  R  O
Q  X  L  U  A  L  J  O  K  T  K  L  R  W  Y  G  Q  W  E  S
S  T  A  N  J  M  J  W  T  G  K  D  D  N  S  D  R  P  L  S
H  I  B  M  J  I  B  L  N  V  L  N  A  M  E  T  A  G  S  I
R  S  Y  O  K  N  E  P  G  K  A  L  S  B  M  F  I  G  R  C
I  S  C  U  R  L  I  N  G  R  I  B  B  O  N  F  P  A  P  S
O  U  O  P  O  J  V  I  I  C  L  K  T  S  E  X  O  B  R  H
V  E  W  B  V  A  G  Y  S  R  I  B  B  O  N  T  J  V  E  Y
F  P  T  D  W  R  A  P  P  I  N  G  P  A  P  E  R  Y  S  R
M  A  I  B  Z  M  J  S  E  P  J  K  K  X  S  G  N  D  E  G
Y  P  I  M  P  E  K  G  P  Z  I  L  S  R  U  M  H  T  N  T
Y  E  B  C  F  I  X  G  B  K  A  A  E  K  T  Z  T  M  T  R
H  R  V  T  H  Z  H  Y  K  U  C  K  A  Q  V  I  J  E  S  M
B  B  R  G  Y  P  G  W  T  V  C  V  E  G  L  L  C  Y  W  I
D  Z  I  M  O  J  X  S  T  I  S  Z  E  G  H  S  Z  U  D  C
R  G  I  R  H  U  K  Z  T  W  E  P  H  H  V  O  W  W  T  X
P  N  A  Y  T  P  W  S  I  T  T  W  F  S  T  R  I  N  G  D
```

BOWS	NAME TAGS	STICKERS
BOXES	PEN	STRING
CURLING RIBBON	PRESENTS	TAPE
GLITTER	RIBBON	TISSUE PAPER
LACE	SCISSORS	WRAPPING PAPER

Drinking Eggnog

```
T Y V V Y J B W U A P J G N I X I M A V E
A Q E K X H J Q I X H A X O L I O B R Q
S H G R X S D G S F G B D U M O P Z I Q
T K V C W N A N S Q G R W G P D L F J D
E W J H G B Q I O C Y I Z U M I Q W X W
N L G E D F O H Z I N Z V Y E W J H C
O T L E M B L S E S T H V W T G E P V K
O O B R P Y R E D P A I D K I M A F W U
L Q K K S Z Z R E K J V D P P S U M G L
U B W Y Q N M F H R K X D A L L V J H C
P R B N Q B E E A V J S Y K R K W J H W
G F A M I L Y R U S W S F N V T L V K S
X E K M U B M M D Z D N A H C E I H F S
B U W M R A W H K L T N S R X Q B U E M
O Y B E V E R A G E I Y E U U Z U J G X
Z D I F M D A H S K R H R I D P R T M Q
U O N V O G U E M O H X C Z R Z J C R R
L W T T H I R S T Y Q G K J N F F M U N
E G G S U W K Z K B C B Q V X J T B L R
M M B Z M S G V E G G N O G X A E G E I
```

BEVERAGE	EGGNOG	REFRESHING
BOIL	FAMILY	TASTE
CHEER	FRIENDS	THIRSTY
CHILDREN	HOME	TRADITION
EGGS	MIXING	WARM

December 25th

```
L H C J K C T S I U Q P M N Q D Y U W E
V X N F Y Z F A S G K X V B W B C H Y R
Z I A M R L G G E P K V S H M C Q J M B
K X J H B A S H V G V X V U G K K W G Y
U C A C L J K A L L P B K O Q W K S I C
G Z V Y Y Q P A F P S W P N Q W U S V B
Y N C W C K U C N P A E D X S R I V E P
A W I Y N G P W C Z N Z L E P H R G C S
L F Q T H R Z I K F T Q U R Y Y P J M M
P Y E Z I Y A S C P A B I C E I G C A I
P Z D C I C Q X M K C S N R O S O D F L
L Q A R T D X Y G E E B Q U Y B M H T E
F M M L E N R E I A C X L E Y R N X H K
N B H F U E E E K N M E Z Y X E I N A J
X E V K T S H S G O N D H C G A H B N I
N E D L I U B C E L Z V O H Z K L T K M
S T C B N P A D D R U C U D T F I X F F
V H K K T N D C Z Y P J A A S A R M U V
X H P W P N B T I U E H O U C S X V L F
K R E C E I V E T Z B N Q B S T C B I O
```

BREAKFAST	GIVE	RECEIVE
BUILD	LAUGH	SANTA
CHEER	OPEN	SMILE
EAT	PLAY	SURPRISE
EXCITING	PRESENT	THANKFUL

Sled Races

puzzle 75

```
V Q V G W F Z H H B S Z Q J H V K K L R
J W Y O O R N P Q C I B T I B Q R H S U
A N O L P I Z D O X R G O E C N C X O Y
Y O H A O E O X S M W C H A X W S G S W
A Z I U E N U S P Q X W K S S Y D J K N
V N L G H D J Z W E T C E C A O P S F Z
B V L H R S J O G G B E R V O B U X O H
L M G X A M G E R J D G I W H O O D Y S
L N H I S J N N I A T N U O M Q R H S T
Z U F R K D I J U A I T H A Q B L P A E
L F Z O R J T F Q Y E P O L S Z H F F E
E K Z S V P I I J M O U G E H T T E Q P
O N R Z J L C K B G K H I F Z M R L E G
X F G S M P X E C P K F S Q E Z D M F
V G N O K A E X N C N I X E H E C E T Q
P O A A F M Z F G T B T S A F H O E J Q
W F I N F I B O M Y E L L A V N Z P K R
L F J A N M C E R T D P T S H T Q S E F
L H W S L E D Q O A G R D J Z P R E R K
H J Q T S T O P L Z O R D V Y D N W N Q
```

EXCITING	LAUGH	SPEED
FAST	MOUNTAIN	STEEP
FRIENDS	SLED	STOP
FUN	SLOPE	VALLEY
HILL	SNOW	WET

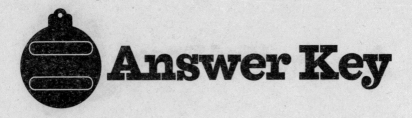

Answer Key

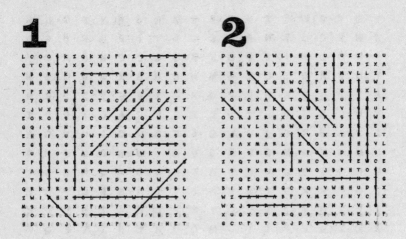

1

2

3

4

Answer Key

5

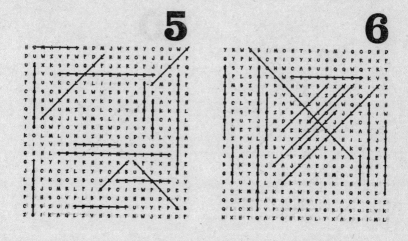

6

7

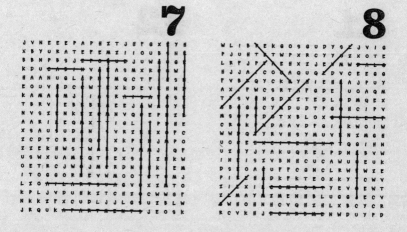

8

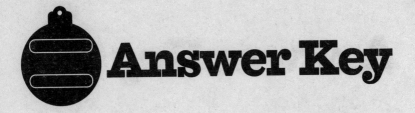

Answer Key

9

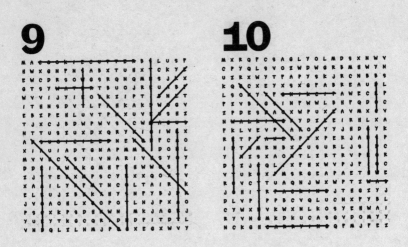

10

11

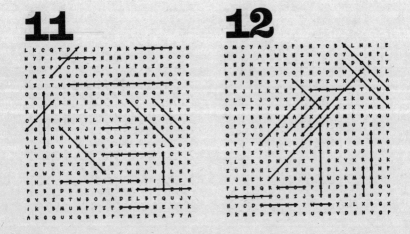

12

Answer Key

13 14

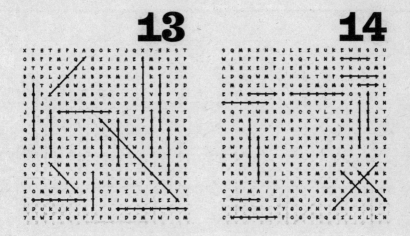

15 16

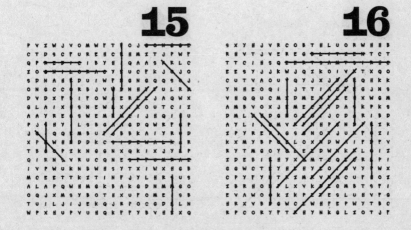

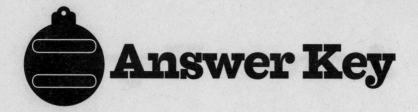

Answer Key

17

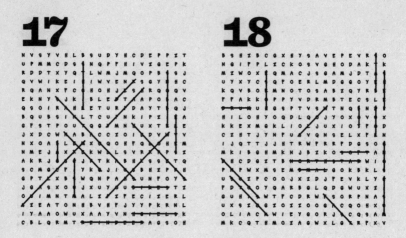

18

19

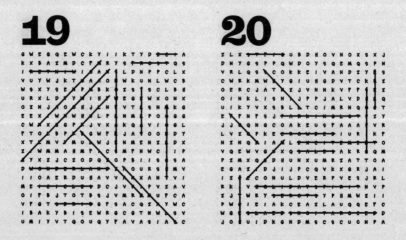

20

Answer Key

21

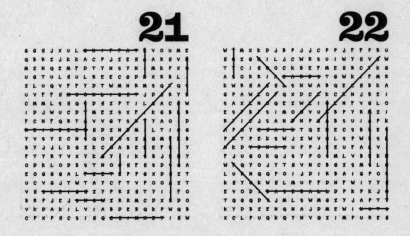

22

23

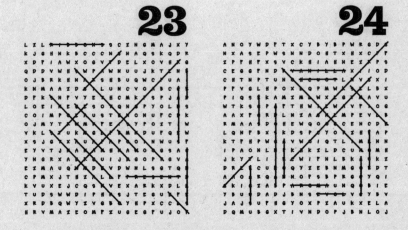

24

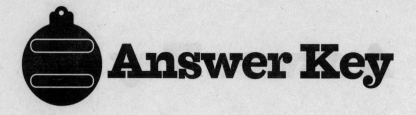

Answer Key

25

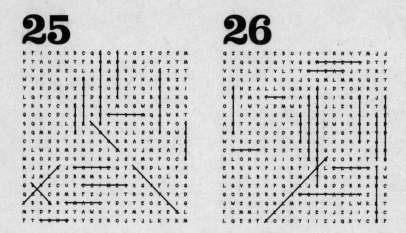

26

27

28

Answer Key

29

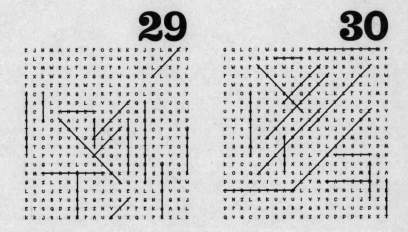

30

31

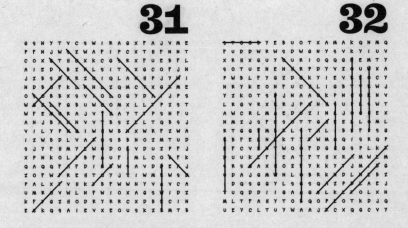

32

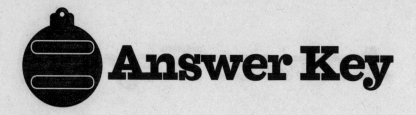

Answer Key

33

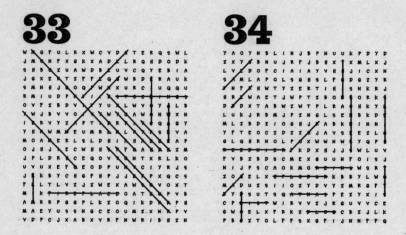

34

35

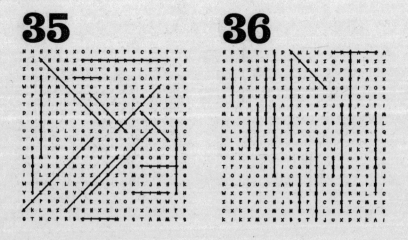

36

Answer Key

37

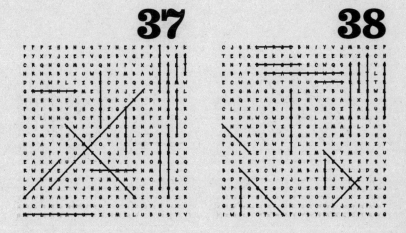

38

39

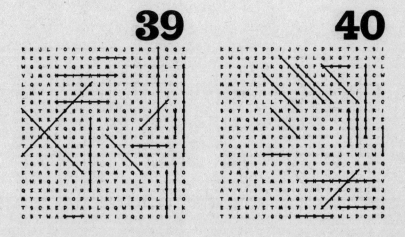

40

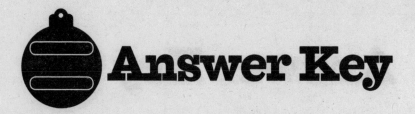

Answer Key

41

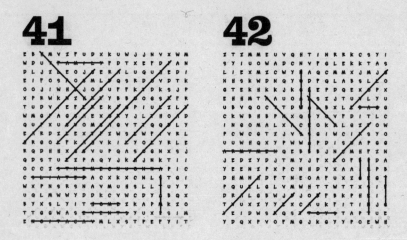

42

43

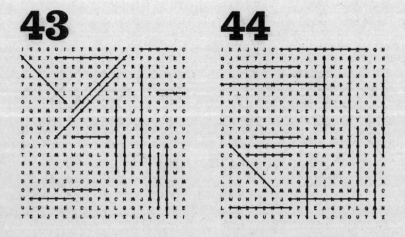

44

Answer Key

45

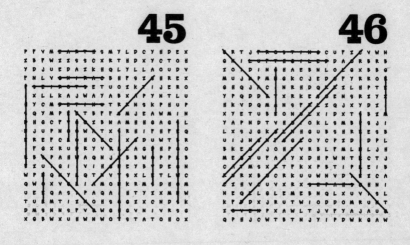

46

47

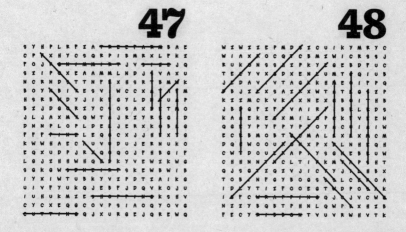

48

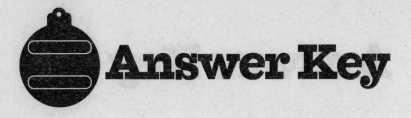

Answer Key

49

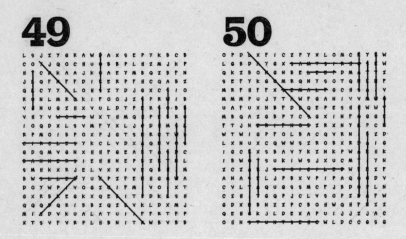

50

51

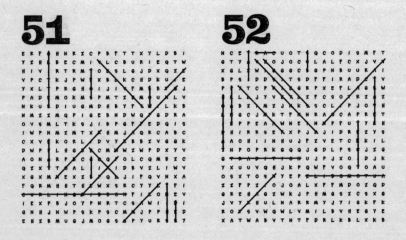

52

Answer Key

53

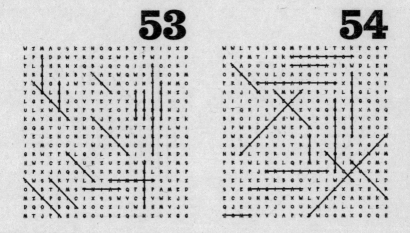

54

55

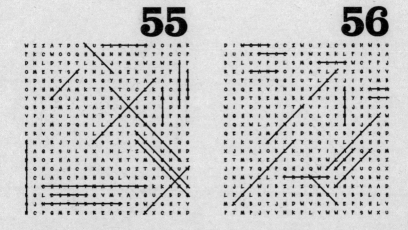

56

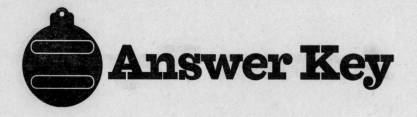

Answer Key

57

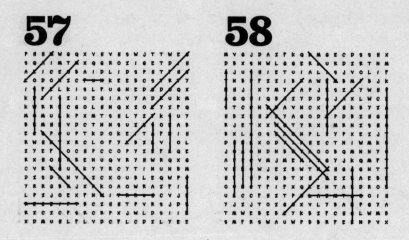

58

59

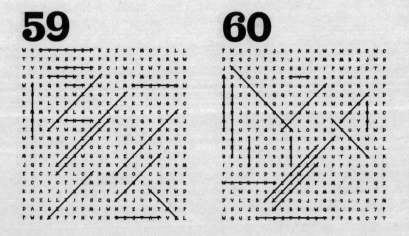

60

Answer Key

61

62

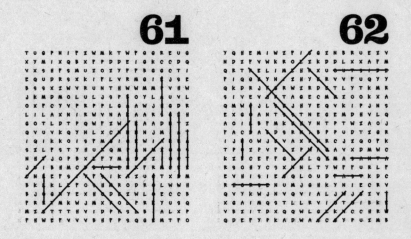

63

64

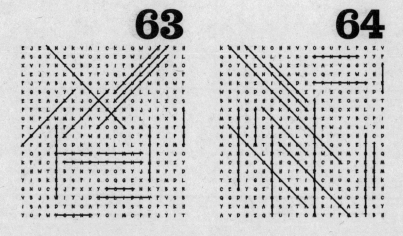

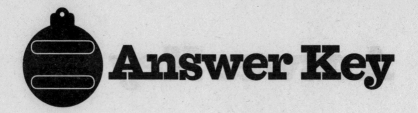

Answer Key

65

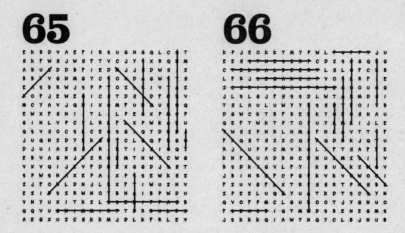

66

67

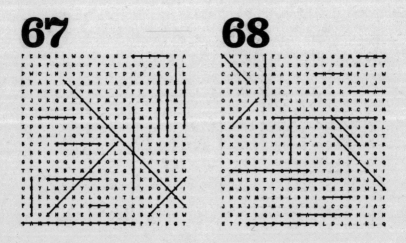

68

Answer Key

69

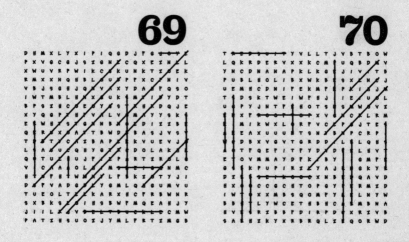

70

71

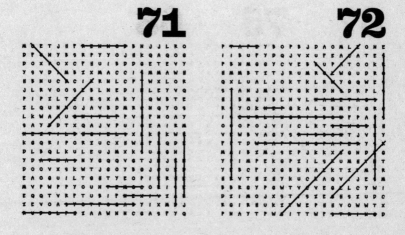

72

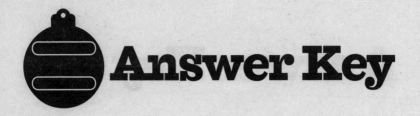

Answer Key

73
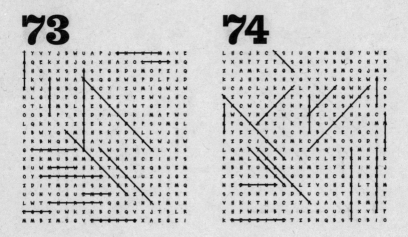

74

75
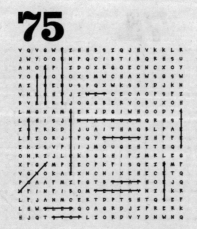